四川省一流本科课程“政务与商务写作”“写作”建设成果

大学通识教育教材

应用写作

YINGYONG XIEZUO

主　编　周志凌

中国教育出版传媒集团
高等教育出版社·北京

内容简介

本书为大学通识教育教材。

本书主要内容包括：应用文概述、党政机关公文写作、机关事务文书写作、常用商务文书写作、社交礼仪文书写作、新闻文体写作和毕业论文写作。本书讲述了应用文的具体种类、格式规范和写作方法，文种丰富，重点突出；本书强调了应用写作理论的教授，理论简明扼要，浅显易懂，是一本简便、易行、实用的应用写作指导教材。

本书适合作为高等学校写作类课程的教科书，也可作为从事文字工作人员的参考读物。

图书在版编目(CIP)数据

应用写作／周志凌主编．—北京：高等教育出版社，2023.1

ISBN 978-7-04-059640-3

Ⅰ．①应… Ⅱ．①周… Ⅲ．①汉语—应用文—写作—高等学校—教材 Ⅳ．①H152.3

中国国家版本馆 CIP 数据核字(2023)第 000679 号

策划编辑 刘自挥 **责任编辑** 张晶晶 叶也琦 **封面设计** 张文豪 **责任印制** 高忠富

出版发行	高等教育出版社	**网　　址**	http://www.hep.edu.cn
社　　址	北京市西城区德外大街 4 号		http://www.hep.com.cn
邮政编码	100120	**网上订购**	http://www.hepmall.com.cn
印　　刷	上海当纳利印刷有限公司		http://www.hepmall.com
开　　本	787mm×1092mm 1/16		http://www.hepmall.cn
印　　张	13		
字　　数	262 千字	**版　　次**	2023 年 1 月第 1 版
购书热线	010-58581118	**印　　次**	2023 年 1 月第 1 次印刷
咨询电话	400-810-0598	**定　　价**	32.00 元

本书如有缺页、倒页、脱页等质量问题，请到所购图书销售部门联系调换

物 料 号 59640-00

序　　言

写作界的同人都很怀念20世纪80年代，那是改革开放春潮涌动、激荡人心的时代。伴随着文学春天的到来，写作学与写作教学相关科目如雨后春笋，在大学的课堂和全社会破土而出，蔚然成林。时至今日，虽然文学写作的热潮已经退去，但应用写作在大学课堂和社会各行业已扎下根基，成为当今写作学的主力军。由于学科地位的问题，写作界有的研究者和教师还在纠结应用写作的学术研究地位不高、缺乏高质量的学术期刊和高端的研究文章等问题，但可喜的是，更多的写作教学工作者已经转向务实的研讨教学方法和实训手段了。

应用文是国家机关、企业事业单位、社会团体，以及社会成员在日常工作、生产和生活中办理公私事务时使用的具有直接实用价值和固定格式的文体。也就是说，国家的政令、方针、政策、法律、条例，社会各行各业的运行管理规章、制度、合同等，都要以应用文书的形式来呈现。应用文本的写作，渗透在我们社会生活的方方面面中。

因此，应用写作不要纠结于学科的“名”，而要务实于全社会广泛应用的“利”。我们应当专心于教学方法的研究，思考如何教好这门课程，编写好的教材让学生真正具有应用写作的素质和能力。

应用写作教学的课程标准必须参照国家的教育方针，聚焦立德树人这一根本任务，研讨应用文体的专业标准、专业特征、专业术语。今天的应用写作已分化出国家党政机关公文写作、事务文书写作、新闻写作、法律文书写作等多个类别，行业的区分越来越明显和细化，因此，在应用写作的大框架下，深入调查和探讨各行各业文书写作的现实和发展趋势，将其运用于我们的课程设计和文体写作教学中，多说行话和有用的话，无疑会提高教学质量。

应用写作面对的学生就业面较广，课程内容与职业岗位对接，为应用写作教学开拓了广阔的空间。满足社会的需求是应用写作教育的目的，因此，针对公务员、文秘岗位需要什么应用文写作能力，新闻记者需要什么采写能力，法律工作者需要什么法律文书写作能力，企业的管理者需要什么商业文书写作能力，应用写作的教师们必须调查研究，通过案例法、讨论法、线上线下混合教学法、翻转课堂等，针对行业、企业需求反向设计教学内容，致力于提高写作课堂教学质量。同时，对学校而言,引进行业和企业的兼职教师,或使教师自身成为“双师型”教师,都可以使课程内容真正有用、实用,使教学内容与岗位能力对接,使学生毕业走上岗位后很快就能上手。因此,应用写作的教学过程,大可与岗位运行过程对接,一些教师在研究中提出“情景化教学”、教学实训一体化、创设实践环境、课堂面向社会,都是在用心探索过程对接的路径。

教材是课程之本,用好教材是教师之本。周志凌教授等编写的这本应用写作教材,除新闻等专业性强的文书写作外,还重点聚焦于党政机关公文、商务文书、社交礼仪文书写作等内容。虽术业有专攻,但文、理、工、管、经、法、教、艺、农、医等学科的学生,不管今后在哪个岗位上,学会文体写作知识、提高应用写作能力总是有用的。老话常说,“学好数理化,走遍天下都不怕”,今天恐怕不行了。应用文是信息的载体,要“行走江湖”,还得学会写作应用文。

毛克强

2022 年 12 月

目　录

绪论　应用文概述

一、应用文的含义

应用写作是写作学的一个分支学科，人们通常把实用型文章的写作称为应用写作，是人们应对工作和生活、传递信息、处理公务和个人事务的写作活动。应用写作在不同的社会领域呈现出不同的特征，这是与社会的实际需求分不开的。随着新兴行业的不断产生，实用型文章的种类还会不断增加，应用写作的内容也会不断更新。即使现在，我们也无法把应用型文体全部列举出来。正因为如此，本书所讲的应用文体不能包罗万象，只是尽可能地收集适用范围广、使用频率高的应用文体进行介绍。

应用文是国家机关、企业事业单位、社会团体，以及社会成员在日常工作、生产和生活中办理公私事务时使用的具有直接实用价值和惯用格式的文体，或称公务文书与私务文书。应用文广泛用于社会生活的各个方面，与政治、军事、经济、文化、法律、外交及日常生活都有着密切的关系。应用文是应付生活、用于实务的一种实用性文体。

二、应用文的特点

应用文的特点主要体现在以下五个方面。

（一）实用性

应用文写作是为了完成某项具体的工作而展开的，写作的目的是解决实际问题。现实的需要是应用文写作的前提条件，不同的应用文有着不同的行文目的，但不论出于何种目的，都必须解决实际问题。因此，实用性是应用文所特有的属性。

（二）规范性

应用文写作必须严格符合相关文体的格式要求和语言规范，各种应用文体都有相对固定的写作格式，任何人都无权随意改变应用文写作规范，特别是公务文书，写作格式更严格，即使是个人常用文书，也要符合约定俗成的格式规范。

（三）时效性

应用文一般只在一定的时间范围内有效，超过了规定的时限，就失去了使用价值。特别是在经济高速发展的时代,应用文更应该做到及时、准确、高效,这样才能更好地发挥作用。

(四)真实性

应用文的写作内容必须真实可靠,文章所涉及的时间、地点、事件、数据都要真实,不能有任何虚构成分。真实性是应用写作与文艺写作的本质区别。

(五)针对性

应用文写作的针对性集中表现在两个方面:一是对象明确,应用文的阅读对象有着明确的范围;二是事由明确,应用文的写作强调“一文一事”。

三、应用文的主要表达方式

表达方式,即古人所谓的“笔法”,今人称之为表达手法、表现方法。人们写文章的表达方式通常有五种,即叙述、议论、说明、描写、抒情。由于受应用文的文体特点和写作目的的制约,应用文的主要表达方式有叙述、议论、说明三种。

(一)叙述

叙述是应用文的基本表达方式。交代背景,介绍文章涉及的人、单位或事件的基本概况、事物发展变化过程,以及相互关系离不开叙述;为议论提供事实依据,也要用到叙述。

应用文对叙述的要求是概括准、粗线条。只注重对事件的整体勾画,不要求细节的具体、内容的详尽;只叙述与表达主旨、说明问题有直接关联的部分,或者只是综合地、概括地叙述若干人或事的共同点;常与其他表达方式结合运用,如夹叙夹议、叙事论理、叙述说明等。

常用的应用文叙述方式有顺叙、倒叙、插叙、补叙、分叙等。应用文写作中叙述的人称有第一人称和第三人称两种。

(二)议论

议论是作者对某件事情或某个问题进行分析、推理、评论,表明自己的立场、观点、意见的一种表达方式,也就是讲道理的表达方式。应用文中的议论与议论文中的议论有一定的区别,它不像议论文那样有完整的推理过程,有时甚至论点、论据、论证都不会完整地出现在文章中,议论往往采用“插话”的方式,文字不多,见解深刻。应用文常用的论证方法有举例法、引证法、对比法、类比法、反证法、喻证法、归纳法、演绎法。

(三)说明

说明是用简明扼要的文字,对客观事物或事理的状态、性质、特点、功能、成因、关系、功用等属性加以客观的解释和介绍的表达方式。这是应用文写作中用得比较多的表达方式。以说明的方式来介绍背景材料和环境,可以为叙述和议论起到铺垫作用。

说明的方法有很多,经常用到的有以下几种:

（1）定义说明。这是用下定义的方法去说明具体事物或情况。

（2）解释说明。这是对事物的状况、性质、成因等作简明的注释和解说的方法。

（3）分类说明。这是按照一定的标准，把说明的对象划分成不同类别，具体地加以说明的方法。

（4）比较说明。这是运用比较的方法来说明事物特征。

（5）比喻说明。这是用人们常见的、熟知的事物比喻说明不太常见、不太熟知的事物的方法，也就是常说的打比方。

（6）引用说明。这是引用资料、典籍、名言、诗词等来说明事物的方法。

（7）分解说明。这是把一个整体的事物分解成几个部分，一个部分一个部分进行说明的方法。

（8）数字说明。这是用确凿的数据来说明事物的方法。

（9）图表说明。这是用图形、图示的方式对事物加以说明的方法。

四、应用文的语言要求

应用文的语言要严谨，体现为平实、准确、简洁。这是应用文语言的基本特征。

（一）平实

应用文的文风要朴实自然，所讲事情要符合实际情况，数字要确实无误，办法要切实可行。实事求是是应用文的基本要求，不能为了达到某种目的而夸大或缩小真实情况，要做到文实相符、文如其事。

（二）准确

准确同平实是相统一的，应用文要做到实事求是，就必须在准确上下功夫。而要做到准确，必须注意以下几点。

1. 内容准确

写应用文内容必须准确，不能走样。不可随意地歪曲内容，不能凭主观臆想，必须客观、实事求是。

2. 语言准确

应用文应语言准确。具体来讲，又可从词语的选用、句子的组合、修辞格的使用等方面来说明。

（1）词语的选用。

说话、写文章都离不开词，词是构成句子、篇章的最基本的语言单位，因此词语的选择就显得十分重要。加上汉语语言词汇相当丰富，表达同样的事情，可以选用不同的词语，因此，选择词语时，要注意以下几点。

首先，要注意不错用词义。如：

我们到该木器厂地下室检查时发现，里面陈列着很多套顾客退还的不合规格的组合柜、转角沙发、写字台、皮转椅。

这是一个多处有错的句子。第一,词语选用不当。这里显然应当将“陈列”改为“摆着”或“放着”或“堆着”;“退还”应改为“退回”;“不合规格”可改为“质量不合格”。第二,数量词搭配不当。“套”字对组合柜、转角沙发是合适的,而用来修饰写字台、皮转椅显然不合适。

其次,选用词语时还要注意不出现词类误用现象,不出现词语情感色彩不匹配的现象,避免产生歧义甚至生造词语等情况。如:

经过反复讨论,五易其稿,我们终于制订出了一个规模庞大的计划。(“庞大”改为“宏大”)

听了××同学的先进事迹后,我们对他刻苦求学、身处逆境仍奋斗不息十分感动。(这里“对……十分感动”改为“被……的精神所感动”)

我们的业余党校自开办以来,已有两年多了。(将“自开办以来,”改为“开办”)

(2) 句子的使用。

应用文句子的使用要做到以下三点:一是少用长句,多用短句;二是少用整句,多用散句;三是少用感叹句、疑问句,多用陈述句。

选择合适的句子形式可以使读者更好地理解文章的内容。除此之外,造句时要避免出现病句。病句不仅不能正确地表达所要说明的意思,反而会影响信息的传递。如:

参加安全生产知识竞赛的只是该厂职工中的一部分工人。(删去“职工中”三字)

工人们克服了天气干燥、风沙较大、饮水缺乏等问题。(“问题”改成“困难”)

(3) 修辞格的运用。

应用文要少用修辞,若确实有必要用,要注意用得恰当,不可滥用。应用文是实用性很强的文体,语言表达必须确切,因此像“夸张”这种修辞方法不宜使用。

3. 引文准确

应用文所引用的内容往往是作出判断、处理事情的依据,因此要反复核对,做到准确无误。引用话语要写原话,不任意改动,必要时还要注明出处。

(三) 简洁

简洁是应用文写作的基本要求。

应用文的写作以传递信息为主要目的,因此行文务必简洁。具体来讲,主要包括以下两方面。

1. 文字简练,篇幅短小精悍

应用文写作要删繁就简,要选用简洁的词语,删去可有可无的段落。要实话实说,不修饰夸张。冗长的文章往往淹没了主题,同时也浪费了阅读时间,降低了办事效率。

2. 避免套话、空话、废话

文字是用来表情达意、传递信息的，如果为写作而写作，就会废话连篇。应用文更要避免说无用的话，读者希望得到的是你提供的简明扼要的信息。

五、增强应用文写作能力的路径

（一）注重思想修养，领会政策精神

应用文写作者必须注重个人思想修养。要有进步的政治信仰，树立高尚的道德情操，逐步形成科学的世界观、人生观、价值观，不断提高思想水平，增强明辨是非的能力。关心国家大事，了解国家大政方针，热爱生活，积极向上。

应用文，特别是用于工作的应用文要有效地服务于社会，就必须符合国家的方针政策及有关规定，否则会适得其反，造成种种不良后果，甚至给国家造成重大损失。

（二）善于观察社会，了解现实情况

学校是整个社会的有机组成部分，不能“两耳不闻窗外事，一心只读圣贤书”。随着教育体制机制改革的深入，素质教育的全面实施，第二课堂的开辟，高校学生应积极参与社会活动，观察社会，了解社会，这是提高应用写作水平的重要途径。

（三）借鉴别人经验，勤于写作实践

孙洙说：“熟读唐诗三百首，不会吟诗也会吟。”这是公认的行之有效的学习诗歌的方法。学习应用文写作的道理是一样的，多学习别人的好文章，就能掌握写作的基本规律。通过对范本的学习和阅读，把别人的经验变成自己的体会，多动手写作，使自己的文章“活”起来。

第一章　党政机关公文写作(一)

第一节　公文的起源与发展

一、公文的起源

据现有文献记载,“公文”一词最迟出现于汉代。汉代的荀悦在《汉纪·武帝纪》里写道:“苞苴盈于门庭,聘问交于道路,书记繁于公文,私务众于官事。”其后,“公文”这个词便流行起来,但与现代文章学意义上的公文不完全一致。作为应用文的重要组成部分,公文产生的时间要比这个名词早得多。

公文是人类社会发展到一定阶段的产物,这个阶段有两大标志,一是公共事务的出现,二是文字的产生。据古代文献资料记载,在我国,公文的产生约在五帝时期的早期。《尚书》中的《尧典》就是后人记录五帝时期的尧帝命手下的史官撰写的一篇公文,也是现存最早的公文。

二、公文的发展

(一)先秦时期的公文

夏王朝建立以后,公文开始作为维护统治秩序、保证国家机器有序运转的工具而被统治阶级所利用。

夏、商、周三代及春秋战国时期,公文有了长足的发展,表现在以下几个方面:

其一,公文的载体增多并朝着实用的方向发展。

其二,公文的文种增多,质量显著提高。商周时期的公文文种主要有诰、命、誓三种,到了春秋战国时期,则出现了檄文、移书、玺书、尚书等文种。结构内容从简单到复杂充实。

其三,公文的管理逐步走向规范化。商周时期,公文管理机构已经建立,其内部也有了一定的分工。到春秋战国时期,不仅公文管理的分工更加明确合理,而且建立了公文的用印制度,首开我国公文用印的先河,对以后各朝各代乃至当今时代的公文管理有着重要的影响。

（二）秦汉至隋唐时期的公文

公元前221年，秦始皇统一了中国，建立了历史上第一个中央集权的郡县制国家。秦始皇从增强中央权威、稳固统治的目的出发，在政治、经济、文化等方面进行了一系列的改革，公文管理的改革是其中的一个重要方面。

秦代的公文改革主要有两点：其一，重新规定了公文的种类，明确了各文种的使用者和适用范围；其二，初步规范了行文格式，正式确立了用印制度。秦代规定，群臣写给皇帝的奏书，开头要写“昧死言”的套语，正文中遇到皇帝的名字，要避讳。用印方面，皇帝的印称为玺，公文不同，用的玺也就不同；百官的印或叫作印或叫作章，依官职的高低而有所不同。在秦代，公文开始蒙上浓厚的封建等级色彩。

汉代的公文在文种、格式、递送等方面较之秦代有明显的发展。尤其是递送。在汉代，公文的递送有了明确的章法。比如在朝廷，章须由宫内传递，奏则或经御史台，或经谒者台转呈；中央与地方公文往来，根据缓急程度的不同采用不同的递送方式。当时有了为递送公文而设置的驿站，各驿站对于经手传递的各份公文，都要就具体数量、种类、来源、送向、接到和送出时间、经手人、传递方式和速度等进行详细的登记，如果发生延误或者差错，当事人要受到相应的惩罚。

魏晋南北朝时期的公文最值得注意的有两个方面：一是公文处理实践向着更加方便实用的方向发展，二是公文写作理论初步形成。

隋唐时期明确提出了下行文、上行文、平行文的公文类别。

（三）两宋明清时期的公文

两宋时期的公文，皇帝制发的下行文主要有册、制、敕、诰命、诏书、御札、敕榜七种，群臣制发的上行文则主要有状、书、表、封事、札子、笏记六种，平行文有关、移、刺、咨四种。在公文管理方面，两宋在唐朝的基础上，进一步作了若干具体的规定，使公文管理的规范化程度达到了前所未有的新高度。这些规定主要是：其一，一文一事；其二，引黄贴黄；其三，封装编号；其四，收发登记。

明代的公文下行文主要有诏、诰、制、敕、册、谕、书、符、令、檄等，上行文主要有题、奏、启、书状、讲章、揭帖、表、疏等，平行文主要有咨、关、牒等。在公文处理方面，明代值得注意的是条旨制度和驿传制度。明朝为保证政令畅通和下情上达，建立了以京城为中心、四通八达的水陆交通网，并且广设驿站，驿站中又专设急投铺，负责递送公文。

清代的公文就文种而言基本上沿袭明制，变化不是太多，只是上行文中一种名叫奏折的文种得到了非常普遍的应用，成为一个主要文种。在公文管理方面，无论是公文的制发、驿传，还是保密、归档，清代都在以前各代有关规定的基础上进一步改进或者细化，为国家机器的正常运转奠定了基础。

（四）民国时期的公文

1911年，孙中山领导的资产阶级革命推翻了腐朽的清政府统治，建立了资产阶级共和国。1912年初，南京临时政府颁布了我国历史上的第一个公文条例《内务部颁发公文程式咨各部文》,规定使用令、咨、呈、示、状五个文种。南京临时政府不仅大大减少了公文文种,而且明令废除封建公文中的各种恭维话和套话,以及其他一切带有封建色彩的格式和惯例,还从民主、平等的观念出发,禁止沿用"大人""老爷"等带有尊卑倾向的称谓。

北洋军阀统治时期,于1912年底颁布的《临时大总统公布公文程式令》规定公文名称为令、布告、状、咨、公函、呈、批七种。其后,公文程式几经修改,公文文种也相应有所增删,同时,公文开始作为专门的研究对象进入学者的研究视野。

中华民国时期,国民政府先后进行了三次公文改革,其中以第一次也就是1927—1933年的改革最值得重视。在此期间,国民党政府公布了《公文程式条例》,规定公文文种有令、训令、指令、布告、任命状、呈、咨、公函、批等。

(五)新中国成立后的公文

中国共产党成立之初就非常重视公文写作。在1921年7月召开的党的一大上,形成了我们党历史上的第一批公文。1928年12月,党中央发出《关于文书工作的通知》。1931年,瞿秋白草拟了《文件处置办法》,这是我们党关于公文处理的最早的法规。20世纪30年代末40年代初,晋察冀边区和陕甘宁边区相继颁布了新公文程式,统一了公文的名称和种类,即上级对下级的指示信、复、函、令,下级对上级的报告、请示等。

中华人民共和国的成立,标志着中国的公文写作进入了一个崭新的时代。1951年4月,中央人民政府政务院颁布了《公文处理暂行办法》;1955年1月,中共中央颁发了《中国共产党中央和省(市)级机关文书处理工作和档案工作暂行条例》;1981年2月,《国家行政机关公文处理暂行办法》颁布;1987年2月,修订、充实后的《国家行政机关公文处理办法》由国务院办公厅正式颁布;该办法经过1993年的修订和自1994年1月1日开始的7年的施行,于2001年1月1日被《国家行政机关公文处理办法》取代;2012年4月,《党政机关公文处理工作条例》取而代之,成为最新的相关处理办法,它对公文的性质和作用、公文种类、公文格式、行文规则、发文办理、收文办理、公文归档、公文管理等诸多方面都作了具体而明确的规定,对国家行政机关公文处理的规范化、科学化和现代化建设具有积极的作用。

第二节　公文的含义与特点

一、公文的含义

公文是公务文书的简称,是党政机关、社会团体、企事业单位,以及其他社会组织行使法定职权、处理日常事务时使用的一种文体。公文具有特定的撰写程式和行文格式,是传达党和国家的方针政策、发布党规政令、指导和商洽工作、请示和答复问题、报告情况、交流经验的重要文字工具。

公文有广义和狭义之分。广义公文包括机关、团体、企事业单位的各种文件、电报、报表、会议文件、调查资料、记录、登记表册等；狭义公文特指《党政机关公文处理工作条例》中规定的15种公文。

二、公文的特点

（一）明确的公务性

公文的“公”，指的是社会组织。公文必须反映和传达社会组织的公务信息。没有社会的公务活动，就没有公文。

（二）作者的法定性

公文作者是法定的，只有依法成立并能以自己的名义行使权利和担负义务的组织或其法定代表人，才能充当公文的作者。至于动笔起草公文初稿的人，如秘书，应称为起草人，不是法律意义上的作者。

（三）格式的规范性

公文的格式有惯用的格式和法定的格式两种。惯用的格式是约定俗成的，没有严格的限制，如普通公文中计划和总结的格式。法定的格式则是权威机关规定的，必须严格按照格式写作。法定公文中的行政公文和党务公文，更由最高权力机关及有关部门通过法规规定了严格的格式。还要进一步说明的是，公文格式同时又是程式，呈现出公文写作和办理的程序性。

公文格式的规范性是公文本质特性发展的结果，是公文写作和办理的需要。公文具有公众性和同一性，对社会组织成员产生一致的制约和指挥作用，否则社会组织就不可能运作。相应地，用于反映和办理公务的公文也就形成了格式和程式，显著提高了其写作和办理公务的效率。可以预见的是，随着时代的发展和社会的进步，公文格式会更加严谨，内容会更加规范，甚至会有高度先进的电脑软件来实现公文写作和办理的电子化和自动化。

（四）严格的程序性

公文必须履行法定的程序方为合法有效。公文的撰拟、形成到发布，必须经过一定的程序，否则就不具有现实的合法性。

第三节　公文的性质、作用、种类与分类

一、公文的性质

公文的性质就是工具。公文是党和国家用以组织和领导国家的政治活动、经济建设、科学文化事业和管理社会生活的一种重要工具，是党政机关、社会团体、企

事业单位内部用以记述情况、表达意图、商洽工作、处理事务的重要工具。

公文姓“公”,是处理公务活动、公共事务的工具;公文是“文”,是一种文字材料,是处理公务所采取的一种书面形式。

二、公文的作用

(一) 领导与指导作用

上级机关通过发布意见、决定、通知、会议纪要、批复等公文,可以指导下级机关的工作。

(二) 规范和约束作用

公文中有相当一部分是法规性的,如章程、规定、办法等。通过公文可以传达贯彻党和国家方针政策,颁发政令、法规,动员群众实施,规定人们的行为,如国家机关依法发布的命令、决定、通告、公告等。各种政令都是以文件的形式制定和发布的,所以这种作用又可称为公文的“法规作用”。

(三) 宣传和教育作用

党和国家各项方针政策的贯彻落实,政治、经济、科技、文化诸方面工作任务的顺利完成,都离不开广大干部群众的思想认识水平的提高和执行政策的自觉性的增强,而这就有赖于相应的宣传和教育。公文的宣传和教育作用比起报刊上的文章或电台、电视台的广播来,在普遍性、广泛性和及时性上有某种程度的差距,但它所具有的权威性及宣传效力却是后者无法比拟的,因为公文不仅是宣传工具,还是行政工具。

(四) 依据和凭证作用

各种公文都反映了制发机关的意图,都具有法定的行政效力,收文机关则以此作为处理工作、解决问题的依据。上级机关所发的公文,对下级机关来说,无疑都是工作依据,不管是传达方针政策的决定、决议,还是发布法规的条例、规定,或是指导工作的指示、批复,都是如此。每项工作任务完成后,相关的公文作为反映整个工作的起因、步骤、阶段和结果的第一手资料,可以起到立此存照的作用。

三、公文的种类

《党政机关公文处理工作条例》规定,公文种类共 15 种,分别是:

(1) 决议。适用于会议讨论通过的重大决策事项。

(2) 决定。适用于对重要事项作出决策和部署、奖惩有关单位和人员、变更或者撤销下级机关不适当的决定事项。

(3) 命令(令)。适用于公布行政法规和规章、宣布施行重大强制性措施、批准授予和晋升衔级、嘉奖有关单位和人员。

(4) 公报。适用于公布重要决定或者重大事项。

（5）公告。适用于向国内外宣布重要事项或者法定事项。

（6）通告。适用于在一定范围内公布应当遵守或者周知的事项。

（7）意见。适用于对重要问题提出见解和处理办法。

（8）通知。适用于发布、传达要求下级机关执行和有关单位周知或者执行的事项，批转、转发公文。

（9）通报。适用于表彰先进、批评错误、传达重要精神和告知重要情况。

（10）报告。适用于向上级机关汇报工作、反映情况，回复上级机关的询问。

（11）请示。适用于向上级机关请求指示、批准。

（12）批复。适用于答复下级机关请示事项。

（13）议案。适用于各级人民政府按照法律程序向同级人民代表大会或者人民代表大会常务委员会提请审议事项。

（14）函。适用于不相隶属机关之间商洽工作、询问和答复问题、请求批准和答复审批事项。

（15）纪要。适用于记载会议主要情况和议定事项。

四、公文的分类

按照不同的标准可以对公文进行不同的分类：

（1）根据公文的来源，可以分为对外文件、收来文件、内部文件。

（2）根据公文的行文关系，可以分为上行文、下行文、平行文。

（3）根据公文的秘密程度和阅读范围，可以分为秘密文件、普通文件、公布文件。

（4）根据公文制发机关的性质和公文作用，可分为法律、法规文件，行政文件，党的文件。

（5）根据公文内容的性质和特点，可以分为指挥性公文、规范性公文、报请性公文、知照性公文、记录性公文。

常见的公文的分类还有：根据文件的缓急程度，可分为特急件、急件和平件；根据文件的使用范围，可分为通用文件、专用文件和技术文件；根据文件的发送目的，可分为主送件、抄送件、批转件、转发件；根据文件的处理要求，可以分为需办文件（办件）和参阅文件（阅件）。

第四节　公文的格式与行文规则

一、公文的格式

公文一般由份号、密级和保密期限、紧急程度、发文机关标志、发文字号、签发人、标题、主送机关、正文、附件说明、发文机关署名、成文日期、印章、附注、附件、抄送机关、印发机关和印发日期、页码等组成。

(1) 份号。公文印制份数的顺序号。涉密公文应当标注份号。

(2) 密级和保密期限。公文的秘密等级和保密的期限。涉密公文应当根据涉密程度分别标注“绝密”“机密”“秘密”和保密期限。

(3) 紧急程度。公文送达和办理的时限要求。根据紧急程度,紧急公文应当分别标注“特急”“加急”,电报应当分别标注“特急”“特急”“加急”“平急”。

(4) 发文机关标志。由发文机关全称或者规范化简称加“文件”二字组成,也可以使用发文机关全称或者规范化简称。联合行文时,发文机关标志可以并用联合发文机关名称,也可以单独用主办机关名称。

(5) 发文字号。由发文机关代字、年份、发文顺序号组成。联合行文时,使用主办机关的发文字号。

(6) 签发人。上行文应当标注签发人姓名。

(7) 标题。由发文机关名称、事由和文种组成。

(8) 主送机关。公文的主要受理机关,应当使用机关全称、规范化简称或者同类型机关统称。

(9) 正文。公文的主体,用来表述公文的内容。

(10) 附件说明。公文附件的顺序号和名称。

(11) 发文机关署名。署发文机关全称或者规范化简称。

(12) 成文日期。署会议通过或者发文机关负责人签发的日期。联合行文时,署最后签发机关负责人签发的日期。

(13) 印章。公文中有发文机关署名的,应当加盖发文机关印章,并与署名机关相符。有特定发文机关标志的普发性公文和电报可以不加盖印章。

(14) 附注。公文印发传达范围等需要说明的事项。

(15) 附件。公文正文的说明、补充或者参考资料。

(16) 抄送机关。除主送机关外需要执行或者知晓公文内容的其他机关,应当使用机关全称、规范化简称或者同类型机关统称。

(17) 印发机关和印发日期。公文的送印机关和送印日期。

(18) 页码。公文页数顺序号。

二、公文的行文规则

公文的行文应当确有必要,讲求实效,注重针对性和可操作性。

行文关系根据隶属关系和职权范围确定。一般不得越级行文,特殊情况需要越级行文的,应当同时抄送被越过的机关。

(一) 向上级机关行文的规则

(1) 原则上主送一个上级机关,根据需要同时抄送相关上级机关和同级机关,不抄送下级机关。

（2）党委、政府的部门向上级主管部门请示、报告重大事项，应当经本级党委、政府同意或者授权；属于部门职权范围内的事项应当直接报送上级主管部门。

（3）下级机关的请示事项，如需以本机关名义向上级机关请示，应当提出倾向性意见后上报，不得原文转报上级机关。

（4）请示应当一文一事。不得在报告等非请示性公文中夹带请示事项。

（5）除上级机关负责人直接交办事项外，不得以本机关名义向上级机关负责人报送公文，不得以本机关负责人名义向上级机关报送公文。

（6）受双重领导的机关向一个上级机关行文，必要时抄送另一个上级机关。

（二）向下级机关行文的规则

（1）主送受理机关，根据需要抄送相关机关。重要行文应当同时抄送发文机关的直接上级机关。

（2）党委、政府的办公厅（室）根据本级党委、政府授权，可以向下级党委、政府行文，其他部门和单位不得向下级党委、政府发布指令性公文或者在公文中向下级党委、政府提出指令性要求。需经政府审批的具体事项，经政府同意后可以由政府职能部门行文，文中须注明已经政府同意。

（3）党委、政府的部门在各自职权范围内可以向下级党委、政府的相关部门行文。

（4）涉及多个部门职权范围内的事务，部门之间未协商一致的，不得向下行文；擅自行文的，上级机关应当责令其纠正或者撤销。

（5）上级机关向受双重领导的下级机关行文，必要时抄送该下级机关的另一个上级机关。

（三）向同级机关行文的规则

同级党政机关、党政机关与其他同级机关必要时可以联合行文。属于党委、政府各自职权范围内的工作，不得联合行文。党委、政府的部门依据职权可以相互行文。部门内设机构除办公厅（室）外不得对外正式行文。

三、公文的式样

A4 型公文用纸页边及版心尺寸见图 1－1；公文首页版式见图 1－2；联合行文公文首页版式 1 见图 1－3；联合行文公文首页版式 2 见图 1－4；公文末页版式 1 见图 1－5；公文末页版式 2 见图 1－6；联合行文公文末页版式 1 见图 1－7；联合行文公文末页版式 2 见图 1－8；附件说明页版式见图 1－9；带附件公文末页版式见图 1－10；信函格式首页版式见图 1－11；命令（令）格式首页版式见图 1－12。

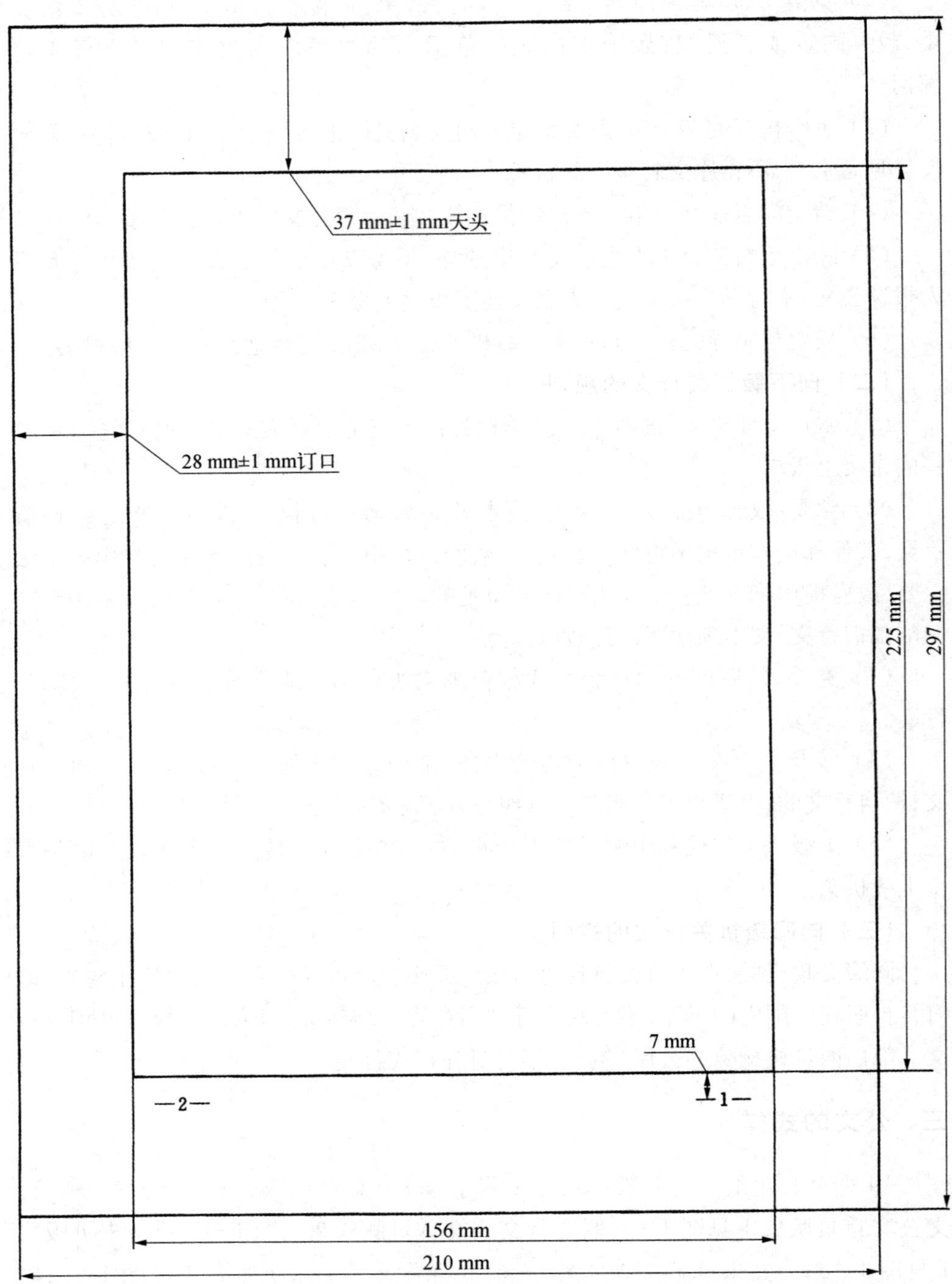

图 1－1　A4 型公文用纸页边及版心尺寸

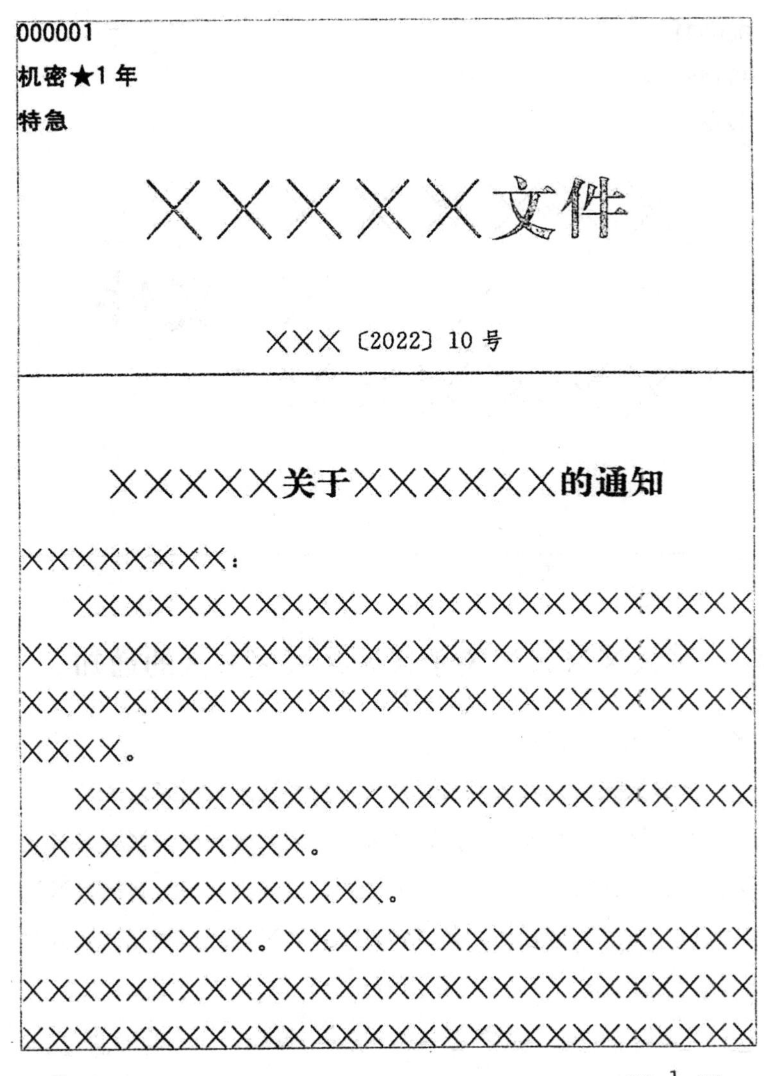

000001

机密★1年

特急

××××××文件

×××〔2022〕10号

×××××关于××××××的通知

××××××××：

××××××××××××××××××××××××××
××××××××××××××××××××××××××××
××××××××××××××××××××××××××××
××××。

××××××××××××××××××××××××××
×××××××××××。

×××××××××××××。

×××××××。××××××××××××××××××
××××××××××××××××××××××××××××
××××××××××××××××××××××××××××

— 1 —

图1-2 公文首页版式

注：版心实线框仅为示意，在印制公文时并不印出。

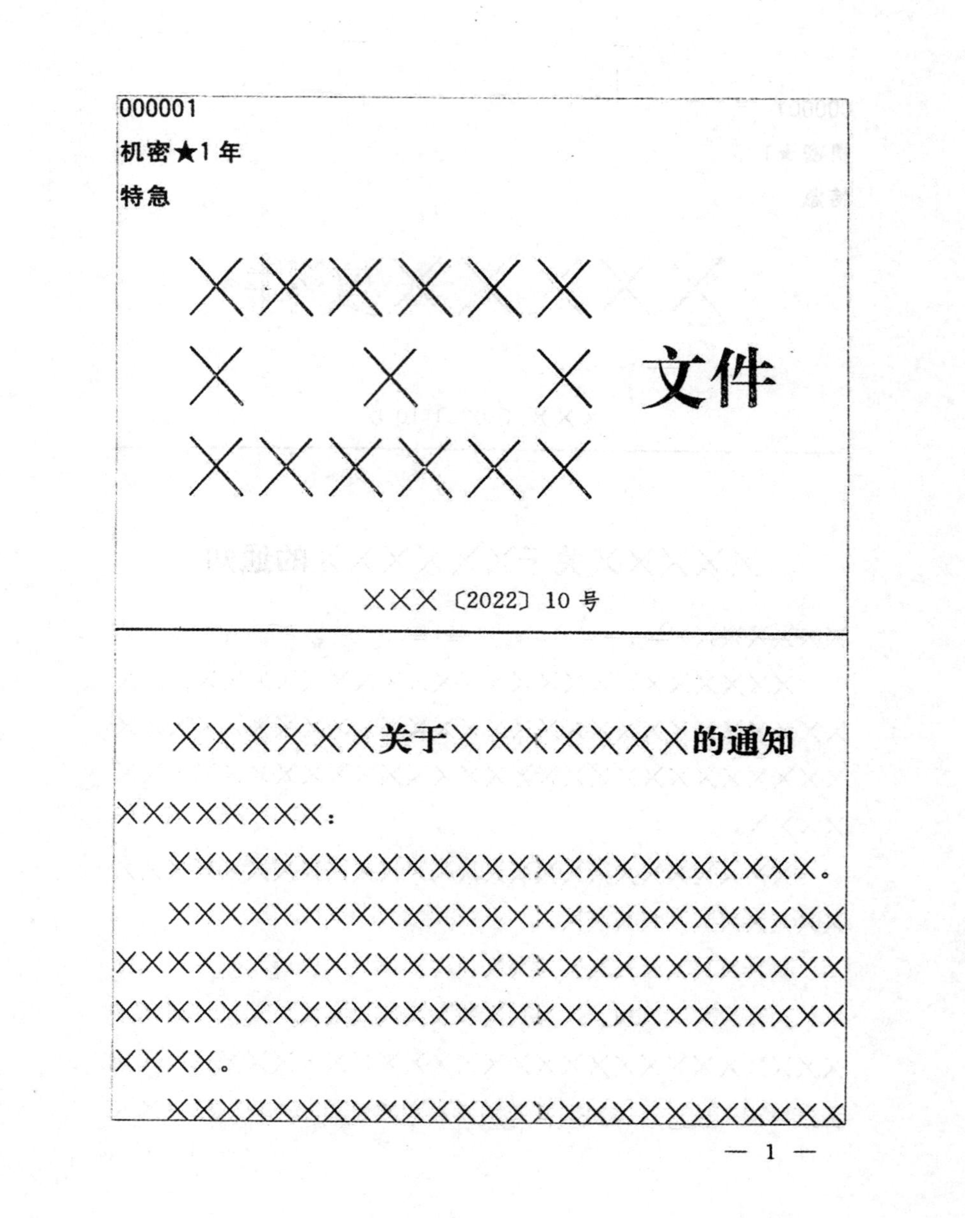

000001

机密★1年

特急

××××××
×　×　×　文件
××××××

×××〔2022〕10号

××××××关于××××××××的通知

×××××××××：

××××××××××××××××××××××××××。

××。

××××××××××××××××××××××××××

— 1 —

图 1-3　联合行文公文首页版式 1

注：版心实线框仅为示意，在印制公文时并不印出。

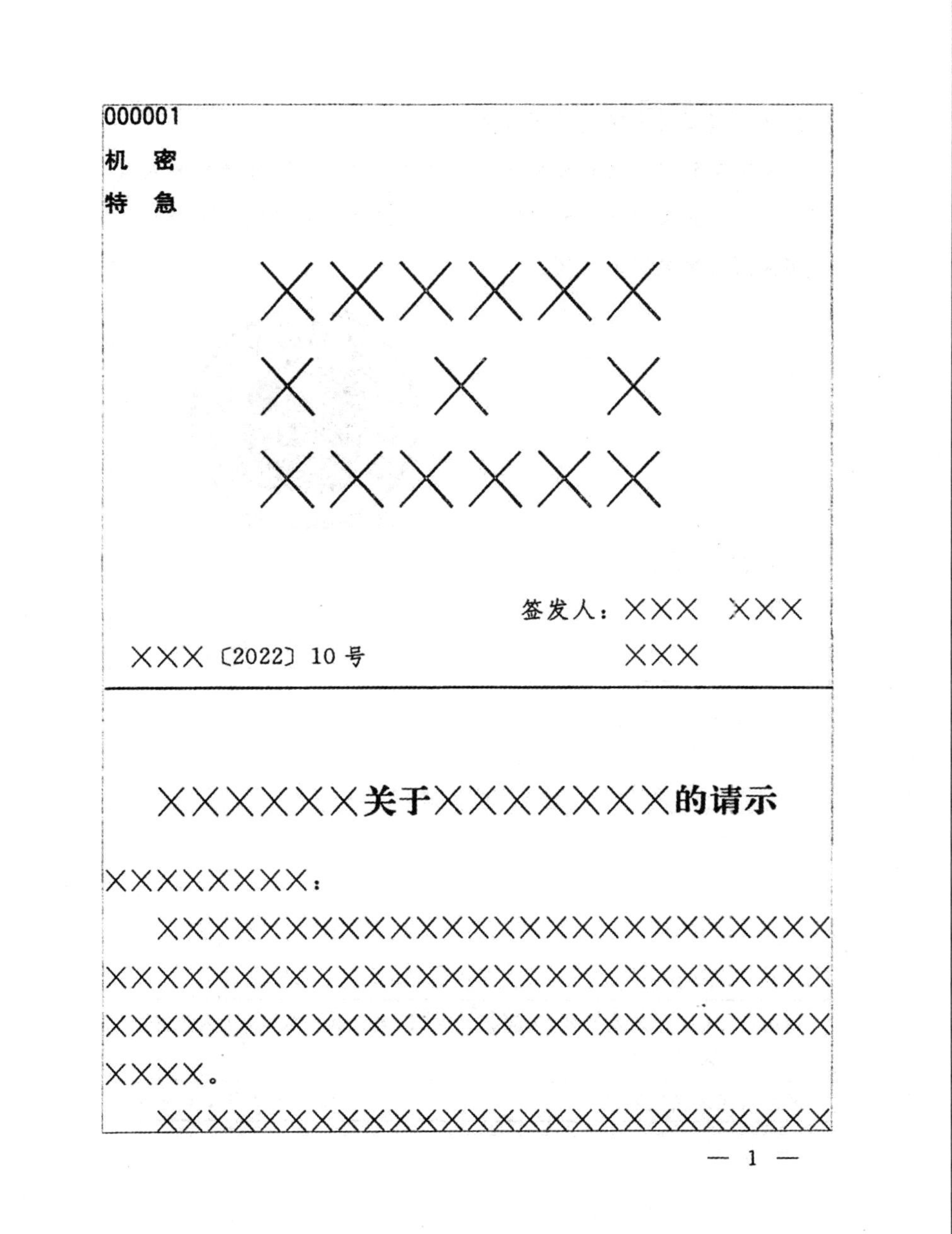

000001

机　密

特　急

××××××

×　　×　　×

××××××

签发人：×××　×××

×××〔2022〕10号　　　　　　　　×××

××××××关于×××××××的请示

××××××××：

　　×××××××××××××××××××××××××××
××××××××××××××××××××××××××××
××××××××××××××××××××××××××××
××××。

　　×××××××××××××××××××××××××××

— 1 —

图 1-4　联合行文公文首页版式 2

注：版心实线框仅为示意，在印制公文时并不印出。

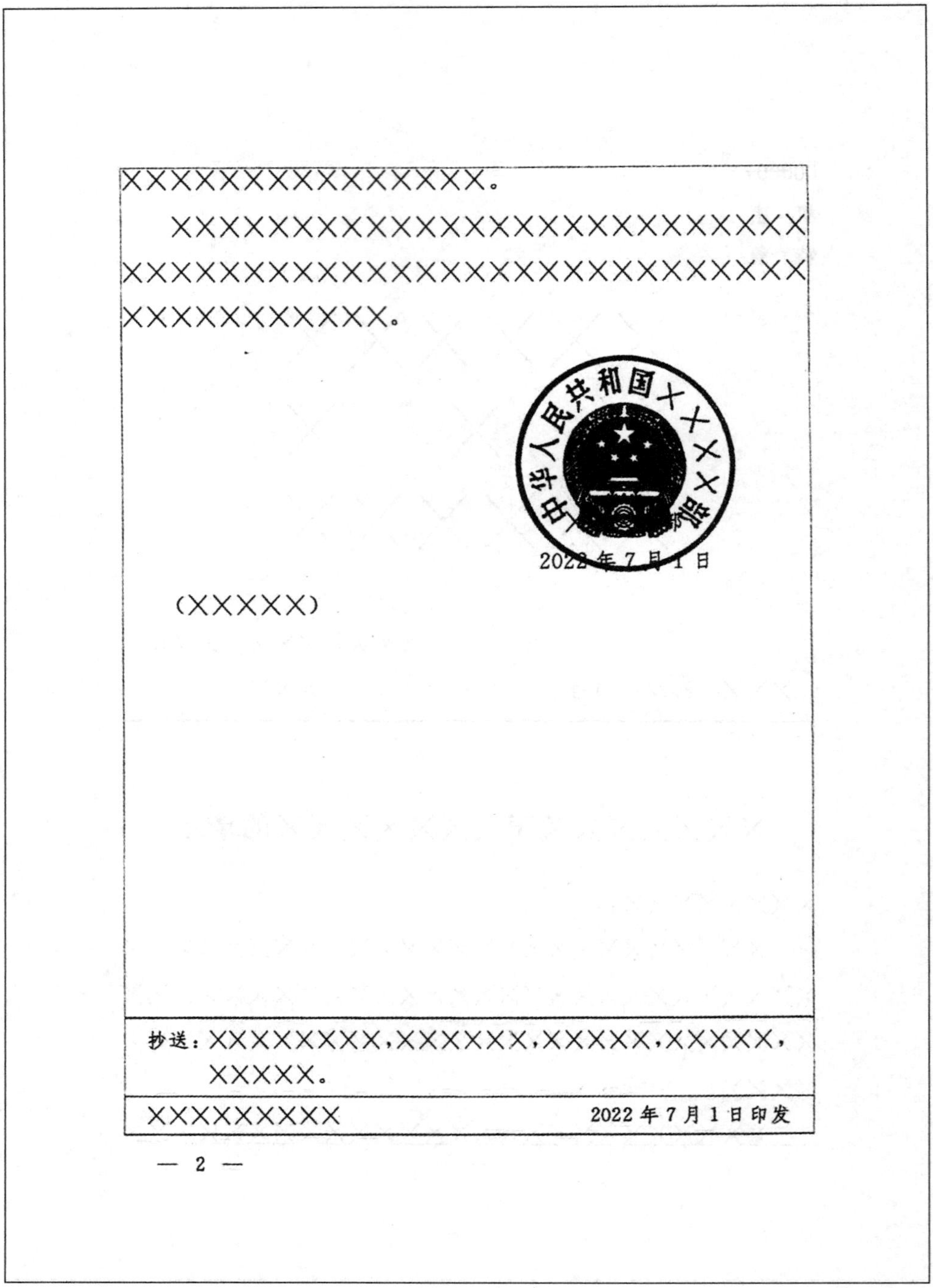

XXXXXXXXXXXXXXX。

　　XXXXXXXXXXXXXXXXXXXXXXXXXXXXXXXXXXXXXXXXXXXXXXXXXXXXXXXXXXXXXXXX。

2022年7月1日

（XXXXX）

抄送：XXXXXXXX，XXXXXX，XXXXX，XXXXX，XXXXX。

XXXXXXXXX　　2022年7月1日印发

— 2 —

图1-5　公文末页版式1

注：版心实线框仅为示意，在印制公文时并不印出。

XXXXXXXXXXXXXXX。

XXXXXXXXXXXXXXXXXXXXXXXXXXXXXXXXXXXXXXXXXXXXXXXXXXXXXXXXXXXXXX。

XXXXXXXXXXX

2022年7月1日

(XXXXX)

抄送：XXXXXXXX，XXXXXX，XXXXX，XXXXX，XXXXX。

XXXXXXXXX　　2022年7月1日印发

— 2 —

图1－6　公文末页版式2

注：版心实线框仅为示意，在印制公文时并不印出。

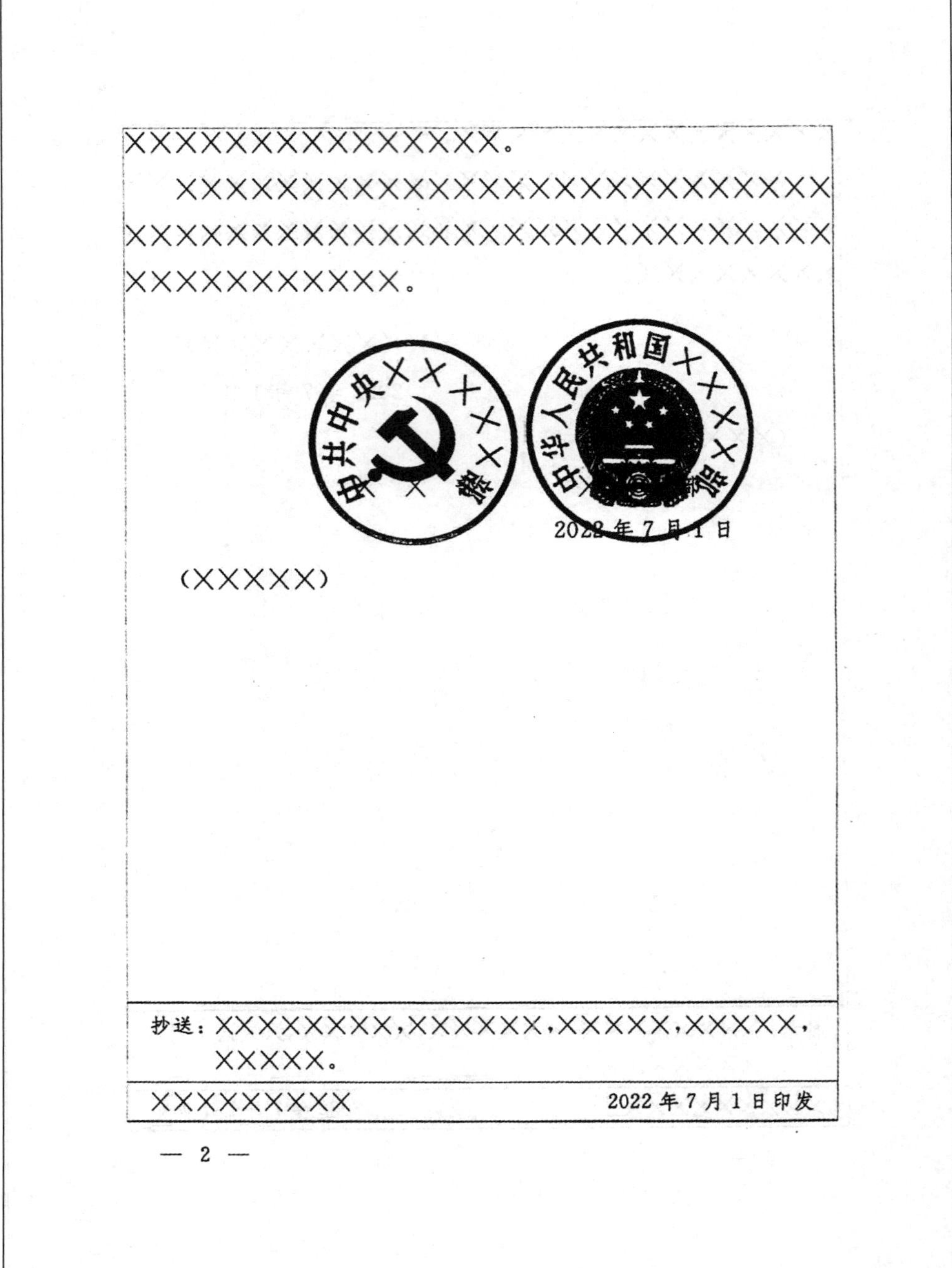

××××××××××××××××。

　　××××××××××××××××××××××××××××

××××××××××××××××××××××××××××××

××××××××××××。

2022年7月1日

(×××××)

抄送：××××××××，××××××，×××××，×××××，×××××。

×××××××××　　2022年7月1日印发

— 2 —

图1-7　联合行文公文末页版式1

注：版心实线框仅为示意，在印制公文时并不印出。

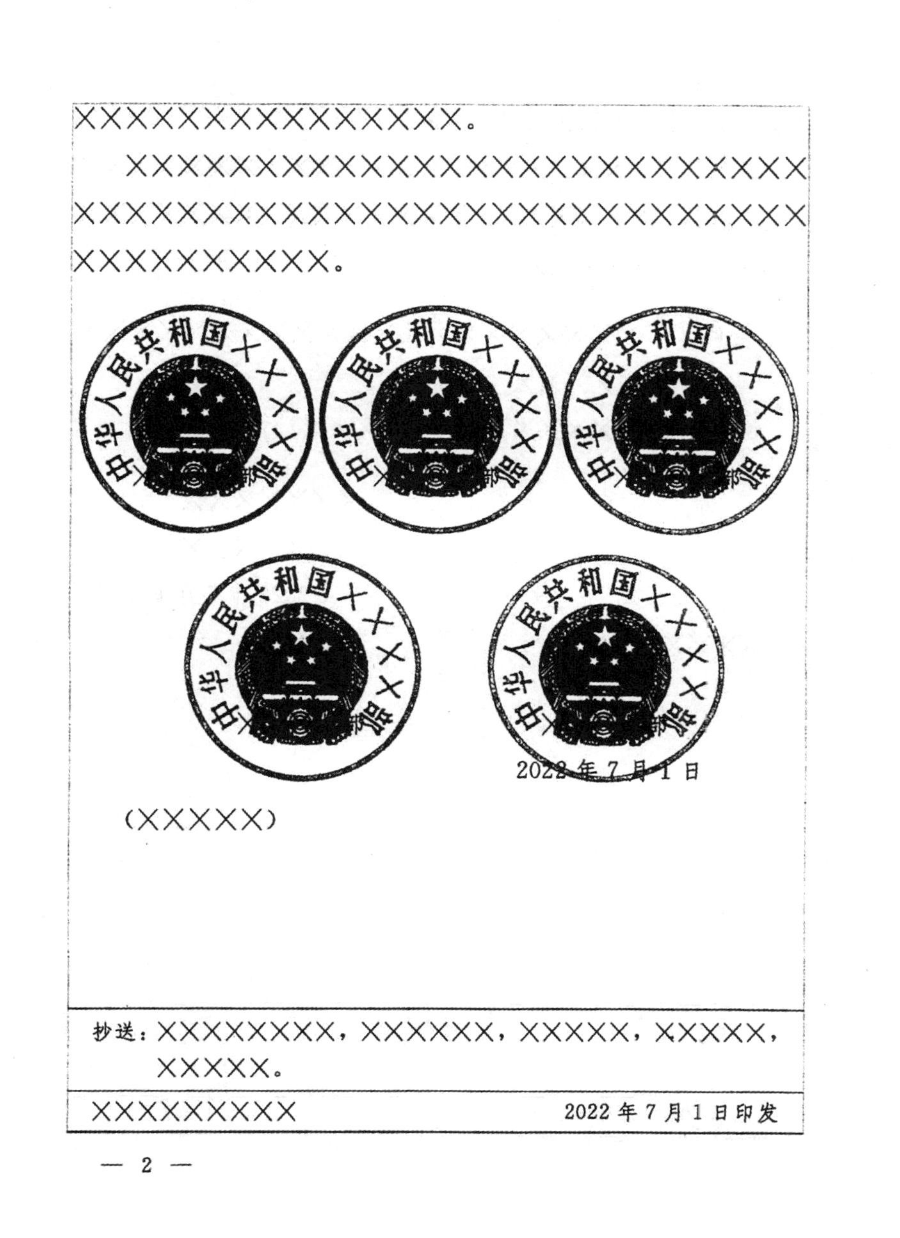

XXXXXXXXXXXXXXXX。

XXXXXXXXXXXXXXXXXXXXXXXXXXXXXXXXXXXXXXXXXXXXXXXXXXXXXXXXXXXXXXXXXXXXXXX。

2022 年 7 月 1 日

（XXXXX）

抄送：XXXXXXXX，XXXXXX，XXXXX，XXXXX，XXXXX。

XXXXXXXXX　2022 年 7 月 1 日印发

— 2 —

图 1-8　联合行文公文末页版式 2

注：版心实线框仅为示意，在印制公文时并不印出。

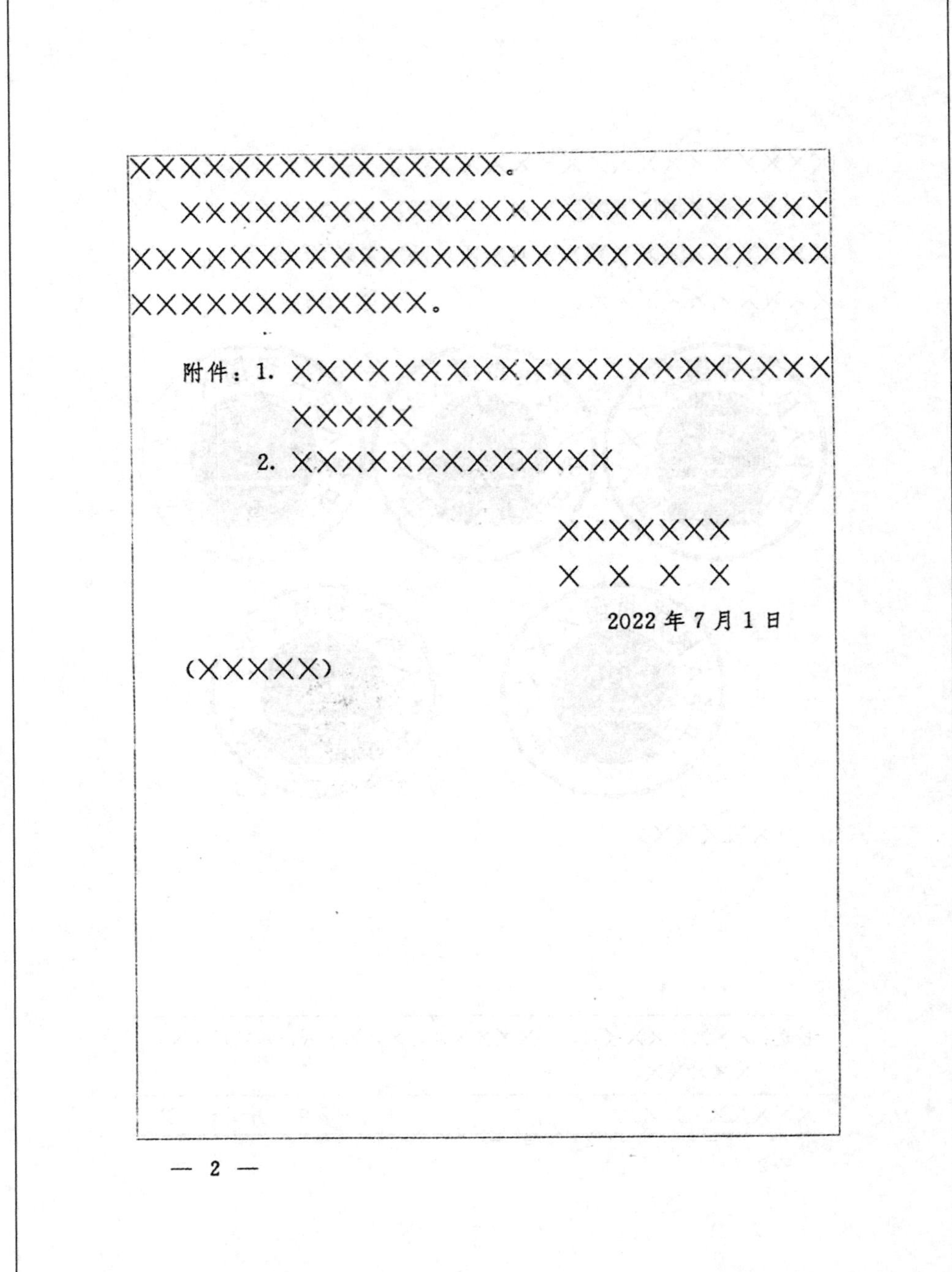
XXXXXXXXXXXXXXX。

XXXXXXXXXXXXXXXXXXXXXXXXXXXXXXXXXXXXXXXXXXXXXXXXXXXXXXXXXXXXXXXXXXXX。

附件：1. XXXXXXXXXXXXXXXXXXXXXXXXXX

2. XXXXXXXXXXXXX

XXXXXXX

X X X X

2022年7月1日

(XXXXX)

— 2 —

图1-9　附件说明页版式

注：版心实线框仅为示意,在印制公文时并不印出。

附件2

XXXXXXXXXXXXXX

XXXXXXXXXXXXXXXXXXXXXXXXXXXXXXXXXXXXXXXXXXXXXXXXXXXXXXXXX。

XXXXXXXXXXXXXXXXXXXXXXXXXXXXXXXXXXXXXXXXXXXXXXXXXXXXXXXXXXXXXXXXXXXXXXXXXXXXXXXXXXXXXXXXXXXXXXXXXXXXXXXXXXXXXXXXXXXXXXXXXXXXXXXXXXXXXXXXXXXXXXXXXXXXXX。

抄送：XXXXXXXX，XXXXXX，XXXXX，XXXXX，XXXXX。

XXXXXXXXX　　2022年7月1日印发

— 4 —

图1-10　带附件公文末页版式

注：版心实线框仅为示意，在印制公文时并不印出。

中华人民共和国×××××部

000001　　　　　　　　　　　　　　　　×××〔2022〕10号

机　密

特　急

×××××关于×××××××的通知

××××××××：

　　××。

　　××。

　　××。

图1-11　信函格式首页版式

注：版心实线框仅为示意，在印制公文时并不印出。

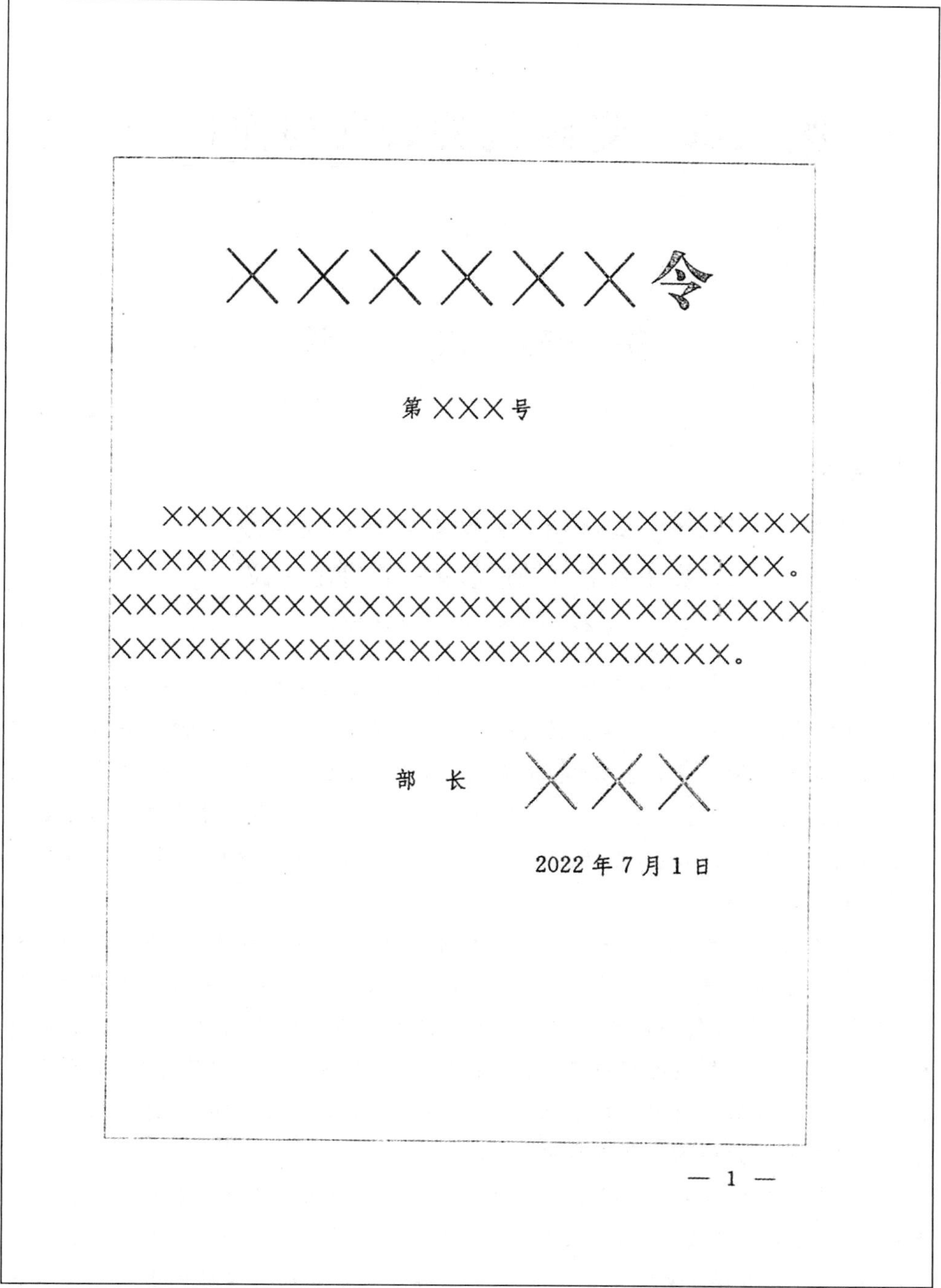

XXXXXX令

第XXX号

　　XXXXXXXXXXXXXXXXXXXXXXXXXX
XXXXXXXXXXXXXXXXXXXXXXXXXXX。
XXXXXXXXXXXXXXXXXXXXXXXXXXXX
XXXXXXXXXXXXXXXXXXXXXXXXX。

部　长　XXX

2022年7月1日

— 1 —

图1－12　命令(令)格式首页版式

注：版心实线框仅为示意，在印制公文时并不印出。

第二章　党政机关公文写作(二)

第一节　决　　议

【例文导入】

××省第××届人大常委会第××次会议
关于依靠科技进步振兴农业的决议

(××××年××月××日通过)

××省××届人大常委会第××次会议,听取和审议了省科委主任××受省政府委托作的《关于××农村科技工作情况的报告》。会议以为,我省各级政府在依靠科技发展农业事业方面做了大量工作,取得了一定成绩,但发展还不平衡,还存在一些亟待解决的问题,特别是粮食生产面临的形势是严峻的,任务是艰巨的。为了进一步依靠农业科技,实现粮食增产、农业丰收,推动农村经济的全面振兴,特别作出了如下决议:

一、各级政府要在广泛深入开展农业基础地位的再教育中,在各个方面提高领导对科学技术是第一生产力的认识,牢固树立依靠技术进步振兴我省农业的观念,把发展农业经济转到依靠科学技术和提高劳动者素质的轨道上来。要把农村科技纳入政府工作的重要议事日程,重视农业科学研究和技术推广工作,充分发挥农业科技人员在农业发展中的积极作用。要把这项工作的好坏,作为考核各级政府及其领导成员政绩的主要内容之一。

二、各级政府从今年起逐步增加对农业科技的投入。增加农业科研和推广的事业费,成立农业科技开发基金,多途径开辟农业科技资金来源,尽力增加科技装备和设施,为农业科研和推广服务工作创造条件。主管部门要管好各项农业科技经费,专款专用。农村的集体和个人也要千方百计加强技术开发活动,增加投入。

三、各级政府应从本地区的实际出发,制订依靠科技振兴农业的年度计划和中、长期规划,并认真组织实施,狠抓落实,层层进行检查监督。对在农业科技工作中做出显著成绩的各级领导、农业科技人员以及农民中推广应用先进技术的积极分子给予表彰奖励,对有突出贡献的给予重奖,并大力宣传他们的先进事迹。

四、各县(区)、乡应进一步建立健全农业科技推广服务体系,切实加强基层农业科技管理工作。要采取多种形式,搞好培训、试验、示范等农业科技的推广服务工作,传授科技知识,普及先进农业技术,要着重培训本地科技人员,抓好农业科技成果的推广应用,鼓励采用新技术。要发挥各种推广农业技术的民间组织的作用。

五、各级政府要采取切实有效的措施,认真落实好中央和省制定的各项有关科技人员的政策。要为农业科技人员创造必要的工作条件,稳定农业科技队伍,动员和组织广大农业科技人员为振兴农业不断作出贡献。

简析: 该决议对有关会议审议通过的事项进行了明确清晰的表述,紧扣决议事项,从五个方面有针对性地提出了贯彻执行的要求,并提出希望、号召。结构完整,层次清晰,语言简洁明了。

一、决议的含义与特点

决议是经会议讨论通过并要求贯彻执行的重要决策事项。其特点如下:

(1) 权威性。决议经过党的会议讨论通过才能生效,并由党的领导机关发布,是党的领导机关意志的反映。决议的内容事关重要决策事项,一经公布则必须坚决执行。

(2) 指导性。决议表述的观点和对事项的评价都具有指导意义。

二、决议的种类

决议一般分为公布性决议、批准性决议和阐述性决议三种类型。

公布性决议是为公布某种法规、提案而写作的文件;批准性决议是肯定或否定某种议案的文件;阐述性决议是对某些重大结论的具体内容深入展开加以阐述的文件。

三、决议的写作

决议由首部和正文两部分组成。

(一) 首部

首部包括标题和成文时间两个要素。

标题:决议的标题有两种形式,一种由发文机关(或会议名称)、事由和文种构成,另一种由事由和文种构成。

成文时间:即决议正式通过的日期。成文时间一般放在标题下,在小括号内注明具体日期,同时写上“通过”二字,以表明其生效时间。

(二) 正文

正文由决议缘由、决议事项和结语三部分组成。

决议缘由：一般简要说明有关会议审议决议涉及事项的情况,陈述作出决议的原因、根据、背景、目的或意义。一般而言,由会议讨论通过作出的决议,无疑关涉比较重大的问题,往往具有集体性、权威性、规范性和较强的约束力。

决议事项：写明会议通过的决议事项,或会议对有关文件、事项作出的评价、决定,或对有关工作作出的部署、安排、要求及采取措施。决议阐述的内容必须是经过有关会议讨论通过的,切不可随意发挥;要以事实为根据,同时要注意语言准确、凝练、恰当、生动、有力。

一般而言,决议的开头通常简要写明由什么会议审议、批准了什么文件;有的还要简要说明批准文件的提出过程,或写决议的起因,表明发文机关意图,常用“批准”“一致同意”“一致通过”等词语;有的决议开头用一句话表明经什么会议批准了什么事项即可。

主体部分写决议事项,一般包括三个方面的内容：一是对审议批准文件的评价;二是对前期工作的回顾总结;三是对今后工作的决策性意见。这部分是决议的核心,内容较多,常分段表达,常用“会议认为”“会议同意”“会议指出”“会议强调”等词语换行领起。

结语：一般紧扣决议事项有针对性地提出希望、号召和执行要求。有的决议可不单列这部分内容。

【写作训练】

1. 阅读下文,分析其写作特点,并指出其值得借鉴之处。

××××大学第四届教代会、第五次工代会决议(草案)

(××××年××月××日)

××××大学第四届教职工代表大会、第五次工会会员代表大会于××××年××月××日至××日在××报告厅召开。会上,全体代表以对学校改革和发展高度负责的精神,对校长工作报告和其他文件进行了认真的讨论和审议,圆满完成了大会的各项议程。

大会审议并原则同意了××校长代表学校所作的题为《××××××××》的工作报告(以下简称报告),会议认为,报告以××××××××为指导,实事求是地回顾总结了学校工作取得的主要成绩、基本经验;客观地分析了××××××××,符合学校实际。在讨论中,代表们对学校工作给予了高度评价,对报告提出了许多建设性的意见,一致认为报告必将对实现学校的跨越式发展起到重要作用。

会议认为,学校向大会提交的根据××××大学第四次代表大会《关于修订××××××××》的决议修订的《××××××××》定位明确,发展目标清晰,措施切实可行,鼓舞士气,催人奋进。

会议认为,会议讨论和审议的工会××代表上届工会所作的工会工作报告客观、全面地总结了××××××××,对今后工作提出了切实可行的建议。×年来,工会在学校党委和上级工会的领导下,围绕学校中心工作,充分发挥了工会的桥梁纽带作用,履行了工会的四项职责;对今后工会工作的建议方向比较明确,思路清晰,符合实际,对进一步做好新一届工会委员会的工作具有借鉴和指导意义。

会议还讨论、审议了学校工会财务工作报告。会议认为,×年来,工会财务管理符合上级工会有关财务管理制度,经费收支清楚,经费支出合理。会议希望工会进一步建立健全财务管理制度,勤俭节约,提高会费使用效益,管好、用好工会经费。

会议讨论并通过了《××××大学教职工代表大会工作暂行条例》和《××××大学校务公开实施意见》(修订稿),选举产生了新一届工会委员会和工会经费审查委员会。

会议期间,全体代表以高度的责任感和使命感,就学校发展和建设中教职工普遍关心的问题提出了许多很好的提案、意见和建议。会议责成教代会提案工作小组进行认真的梳理和研究,尽快提交提案建议,并组织相关部门代表监督相关职能部门在今后工作中加以落实。

大会号召全校教职员工以饱满的精神状态,自觉担负起时代赋予我们的历史使命,开拓创新,扎实工作,为实现我校跨越式发展而努力奋斗。

2. 请登录中华人民共和国中央人民政府网站浏览学习“决议”,并进行模拟写作练习。

第二节 决 定

【例文导入】

全国人民代表大会关于建立健全香港特别行政区维护国家安全的法律制度和执行机制的决定

(2020年5月28日第十三届全国人民代表大会第三次会议通过)

第十三届全国人民代表大会第三次会议审议了全国人民代表大会常务委员会关于提请审议《全国人民代表大会关于建立健全香港特别行政区维护国家安全的法律制度和执行机制的决定(草案)》的议案。会议认为,近年来,香港特别行政区国家安全风险凸显,“港独”、分裂国家、暴力恐怖活动等各类违法活动严重危害国家主权、统一和领土完整,一些外国和境外势力公然干预香港事务,利用香港从事危害我国国家安全的活动。为了维护国家主权、安全、发展利益,坚持和完善“一国两制”制度体系,维护香港长期繁荣稳定,保障香港居民合法权益,根据《中华人民共和国宪法》第三十一条和第六十二条第二项、第十四项、第十六项的规定,以及《中华人民共和国香港特别行政区基本法》的有关规定,全国人民代表大会作出如下决定:

一、国家坚定不移并全面准确贯彻“一国两制”“港人治港”、高度自治的方针,坚持依法治港,维护宪法和香港特别行政区基本法确定的香港特别行政区宪制秩序,采取必要措施建立健全香港特别行政区维护国家安全的法律制度和执行机制,依法防范、制止和惩治危害国家安全的行为和活动。

二、国家坚决反对任何外国和境外势力以任何方式干预香港特别行政区事务,采取必要措施予以反制,依法防范、制止和惩治外国和境外势力利用香港进行分裂、颠覆、渗透、破坏活动。

三、维护国家主权、统一和领土完整是香港特别行政区的宪制责任。香港特别行政区应当尽早完成香港特别行政区基本法规定的维护国家安全立法。香港特别行政区行政机关、立法机关、司法机关应当依据有关法律规定有效防范、制止和惩治危害国家安全的行为和活动。

四、香港特别行政区应当建立健全维护国家安全的机构和执行机制,强化维护国家安全执法力量,加强维护国家安全执法工作。中央人民政府维护国家安全的有关机关根据需要在香港特别行政区设立机构,依法履行维护国家安全相关职责。

五、香港特别行政区行政长官应当就香港特别行政区履行维护国家安全职责、开展国家安全教育、依法禁止危害国家安全的行为和活动等情况,定期向中央人民政府提交报告。

六、授权全国人民代表大会常务委员会就建立健全香港特别行政区维护国家安全的法律制度和执行机制制定相关法律,切实防范、制止和惩治任何分裂国家、颠覆国家政权、组织实施恐怖活动等严重危害国家安全的行为和活动以及外国和境外势力干预香港特别行政区事务的活动。全国人民代表大会常务委员会决定将上述相关法律列入《中华人民共和国香港特别行政区基本法》附件三,由香港特别行政区在当地公布实施。

七、本决定自公布之日起施行。

简析: 这是一份对重大事项作出决策和安排的指导性文件。从全文结构上看,第一部分首先阐明作出决定的缘由,接下来逐一分述决定的事项,最后说明决定的生效期。全文结构完整,逻辑清晰。

一、决定的含义与特点

决定是用于对重要事项或重大行动作出决策和安排的指导性公文。

决定的使用范围较为广泛，国家机关、党团组织、企事业单位都可以使用。决定属于下行公文，具有指挥性和约束力，上级的决定一经下达，下级就要贯彻执行。国家行政机关和国家立法机关作出的一些决定还具有法规性作用。

决定的特点有：

（1）涉及面广。决定所作出的决策和安排事项必须是重要事项或重大行动，往往关乎全国或一个地区、一个行业、一个组织，因此，决定所涉及的事项和解决的问题有全局性意义，其实施一般都会产生重大的影响。

（2）政策性强。决定在对重要事项进行决策时，一般要提出工作任务、具体措施、实施方案等，带有明显的工作指导性，要求受文单位依照执行，从而保证工作顺利开展。

（3）具有约束力。决定的权威性和约束力很强，不少决定具有根本政策和基本原则的性质，一经发布，有关单位和个人就必须执行，改变决定必须经过一定的法定程序。

二、决定的种类

根据决定的性质和作用，可以将其分为指挥性决定和知照性决定。

（一）指挥性决定

指挥性决定是对某些重要事项或重大行动作出决策部署，确定大政方针，提出要求措施，说明政策规定，要求下级机关认真贯彻执行的决定。它突出的是指挥性，有很强的行政约束力。

（二）知照性决定

知照性决定是对有关具体事项作出决定，知照下级机关及有关方面，起到通知、关照和依据作用的决定。如批准或修订法规，召开重要会议，安排处理人事问题，设置或撤销组织机构，奖励或惩戒有关单位和人员，变更或撤销下级不适当的决定事项等。其显著特征是把决定事项简要地告诉有关单位和人员，不写执行要求。

三、决定的写作

决定一般包括标题和正文。

（一）标题

决定标题一般由发文机关、事由和文种三要素构成。标题下面标明成文时间，如“国务院关于××××年度国家科学技术奖励的决定”（××××年××月××日）。由会议通过的决定，则要写上会议全称、发文字号和通过的日期。有些决定也可以把成文时间标在正文后面。

决定例文

（二）正文

根据其性质种类的不同，正文内容有简有繁，写法也不相同。

知照性决定的正文由决定缘由和决定事项两部分组成,一般不提执行要求;表彰性决定通常以提出希望、要求作为结尾;指挥性决定的正文一般包括决定缘由、决定事项、决定要求三部分。

决定是下行文,决定的内容便是下级机关必须执行的准则,所以,决定的事项部分要求写得明确、具体、详尽。事项部分常采用条文式,且表现具体内容的条、项,不论是并列关系还是递进关系,都要形成完整、严谨、清晰的整体。另外,如果事项比较简单,也可以用简述式写法,对所决定的事项进行直接陈述。

【写作训练】

1. 对照上述理论知识,分析以下例文的结构,并分组交流发言。

国务院关于授权和委托用地审批权的决定

国发〔2020〕4号

各省、自治区、直辖市人民政府,国务院各部委、各直属机构:

为贯彻落实党的十九届四中全会和中央经济工作会议精神,根据《中华人民共和国土地管理法》相关规定,在严格保护耕地、节约集约用地的前提下,进一步深化“放管服”改革,改革土地管理制度,赋予省级人民政府更大用地自主权,现决定如下:

一、将国务院可以授权的永久基本农田以外的农用地转为建设用地审批事项授权各省、自治区、直辖市人民政府批准。自本决定发布之日起,按照《中华人民共和国土地管理法》第四十四条第三款规定,对国务院批准土地利用总体规划的城市在建设用地规模范围内,按土地利用年度计划分批次将永久基本农田以外的农用地转为建设用地的,国务院授权各省、自治区、直辖市人民政府批准。……

二、试点将永久基本农田转为建设用地和国务院批准土地征收审批事项委托部分省、自治区、直辖市人民政府批准。……

三、有关要求。各省、自治区、直辖市人民政府要按照法律、行政法规和有关政策规定,严格审查把关,特别要严格审查涉及占用永久基本农田、生态保护红线、自然保护区的用地,切实保护耕地,节约集约月地,盘活存量土地,维护被征地农民合法权益,确保相关用地审批权“放得下、接得住、管得好”。各省、自治区、直辖市人民政府不得将承接的用地审批权进一步授权或委托。

自然资源部要加强对各省、自治区、直辖市人民政府用地审批工作的指导和服务,明确审批要求和标准,切实提高审批质量和效率;要采取“双随机、一公开”等方式,加强对用地审批情况的监督检查,发现违规问题及时督促纠正,重大问题及时向国务院报告。

国务院

2020年3月1日

2. 请根据下面的材料,拟写一份决定。

某工厂一青年男职工,旷工达七个月零九天,酒后打架斗殴五次,并无故打伤一名劝架的退休干部,三次被拘留。厂里为了严肃厂规,教育该厂职工和群众,按厂规"无故旷工两个月,给予除名处分"的规定,决定将这个职工除名。

3. 2020 年,新冠肺炎肆虐。为挽救感染者的生命,保障人民的生命安全,广大医务工作者、志愿者、武警战士、社区干部等不畏死亡,与病毒展开了殊死搏斗。请选取你所在地区的一位抗疫英雄,代中共××市委拟写一份《中共××市委关于向××同志学习的决定》。

4. 认真阅读下例,分析写作特点。

全国人民代表大会常务委员会
关于修改《×××××法》的决定

第×届全国人民代表大会常务委员会第×次会议决定对《×××××法》作如下修改:

一、第×条第×款第×项修改为:"工资,薪金所得,以每月收入额减除费用一千六百元后的余额,为应纳税所得额。"同时,对"个人所得税税率表一"的附注作相应修改。

二、第×条修改为:"个人所得税,以所得人为纳税义务人,以支付所得的单位或者个人为扣缴义务人。个人所得超过国务院规定数额的,在两处以上取得工资、薪金所得或者没有扣缴义务人的,以及具有国务院规定的其他情形的,纳税义务人应当按照国家规定办理纳税申报。扣缴义务人应当按照国家规定办理全员全额扣缴申报。"

三、本决定自××××年××月××日起施行。

《×××××法》根据本决定作相应的修改,重新公布。

全国人民代表大会常务委员会
××××年××月××日

第三节 命令(令)

【例文导入】

中华人民共和国主席令
(第四十五号)

《中华人民共和国民法典》已由中华人民共和国第十三届全国人民代表大会

第三次会议于 2020 年 5 月 28 日通过,现予公布,自 2021 年 1 月 1 日起施行。

中华人民共和国主席　习近平
2020 年 5 月 28 日

简析:上例是公布令。公布令用于公布法律、法规,正文之中包含附件。公布令的正文在写作方法上比较简单,一般是先说明公布的对象、依据和施行起始日期,即要说明什么文件在什么时候经什么会议通过或批准,什么时候开始实施。公布令的拟写一定要文字简练,具有不容置疑的权威性。公布的附件一般与文件的主体一起装订。值得注意的是,公布对象不能视为附件,也无须进行附件标注。由此观之,命令(令)是由领导机关颁发的,对下级机关具有强制执行性质的一种下行公文。

一、命令(令)的含义与特点

命令,简称令,是领导机关颁发的具有强制执行性质的指挥性公文。

根据相关法律规定,可以在自己职权范围内发布命令(令)的行政机关有国家最高领导人、国务院及其所属各部委、乡级以上地方各级人民政府。

党的各级领导机关一般不单独使用命令(令)。

命令(令)是体现国家领导机关意志的重要下行公文,它具有以下三个主要的特点:

(一)权威性

命令(令)的权威性首先表现在发布机关必须是乡以上级别的国家权力机关的执行机关;其次,发布的一般是国家的法律、法令和行政法规,内容重要,权威性强。

(二)强制性

命令(令)是指令性文书,要求执行者必须坚决执行,无论在什么情况下都不得违抗和延误。

(三)指挥性

命令(令)具有指挥下级机关或有关人员行动的功能。

二、命令(令)的种类

命令(令)根据使用范围和作用可以分为公布令、行政令、嘉奖令、动员令、戒严令、任免令、特赦令、通缉令等。常用的有三种:

(1) 公布令:用于公布法律、法令和行政法规(如条例、规定、制度、守则、办法等)。

(2) 行政令:用于国家行政机关发布重大行政措施。

(3) 嘉奖令:用于表彰、嘉奖作出突出贡献的单位和个人。

三、命令(令)的写作

命令(令)一般由标题、发文字号、正文、发文机关和日期构成。

(一) 标题

标题一般应由发文机关、事由和文种三部分组成,如《国务院关于在我国统一实行法定计量单位的命令》。此外,还有以下三种情况:

一是由发文机关和文种构成,如《天津市人民政府令》;

二是由事由和文种构成,如《向全国进军的命令》;

三是只用事由作标题,如《××团立即做好执行作战任务的准备》。

(二) 发文字号

发文字号即令号,可以按照常用公文的发文字号来写,由机关代字、年份、序号三部分构成,也可以是发文机关签署命令的领导人在任期内发布命令的顺序号。

(三) 正文

正文通常先陈述命令(令)的依据,再陈述事项,最后陈述执行要求(公布令、任免令不陈述要求)。

因情况不同,正文有下列结构形式:

(1) 一段式。内容单一的命令,不需要具体阐述说明,只概括交代主要内容即可。这种命令一般不分段列项,如公布令和任免令。本节开篇的例文就是内容单一的公布令。

(2) 列条式。事项复杂的命令,一般列条逐一说明。

(3) 总分式。即先从总的方面概括命令的目的、缘由、基本情况和背景,再分别阐述,或分成段落,使硬性规定具体化。

(四) 发文机关和日期

命令(令)同一般公文的署名不同,必须签署发文机关或领导人的职务和姓名,如“国家主席××”“国家总理××”。年、月、日写在署名下方。

【写作训练】

1. 请结合上述写作格式与内容,分析以下例文。

中华人民共和国国务院令

第 719 号

依照《中华人民共和国澳门特别行政区基本法》的有关规定,根据澳门特别行政区行政长官选举委员会选举产生的人选,任命贺一诚为中华人民共和国澳门特别行政区第五任行政长官,于 2019 年 12 月 20 日就职。

总理　　李克强

2019 年 9 月 4 日

2. 请修改下面的嘉奖令。

嘉　奖　令

市××化工厂采取有力措施，切实贯彻《安全生产条例》，建立安全生产岗位责任制，实现全年无生产事故，成为我市第一个安全生产企业。为此，市政府决定对××化工厂通令嘉奖。

××市政府

××××年××月××日

3. 请根据下面的材料，指出公布令写作的特点及注意事项。

中华人民共和国主席令

第六十七号

《中华人民共和国国防法》已由中华人民共和国第十三届全国人民代表大会常务委员会第二十四次会议于2020年12月26日修订通过，现予公布，自2021年1月1日起施行。

中华人民共和国主席　习近平

2020年12月26日

第三章　党政机关公文写作(三)

第一节　公　　报

【例文导入】

中国共产党第十九届中央委员会第四次全体会议公报

(2019年10月31日中国共产党第十九届中央委员会第四次全体会议通过)

中国共产党第十九届中央委员会第四次全体会议,于2019年10月28日至31日在北京举行。

出席这次全会的有,中央委员202人,候补中央委员169人。中央纪律检查委员会常务委员会委员和有关方面负责同志列席会议。党的十九大代表中的部分基层同志和专家学者也列席会议。

全会由中央政治局主持。中央委员会总书记习近平作了重要讲话。

全会听取和讨论了习近平受中央政治局委托作的工作报告,审议通过了《中共中央关于坚持和完善中国特色社会主义制度、推进国家治理体系和治理能力现代化若干重大问题的决定》。习近平就《决定(讨论稿)》向全会作了说明。

全会充分肯定党的十九届三中全会以来中央政治局的工作。一致认为……

全会提出,中国特色社会主义制度是党和人民在长期实践探索中形成的科学制度体系,我国国家治理一切工作和活动都依照中国特色社会主义制度展开,我国国家治理体系和治理能力是中国特色社会主义制度及其执行能力的集中体现。

全会认为,中国共产党自成立以来,团结带领人民,坚持把马克思主义基本原理同中国具体实际相结合,赢得了中国革命胜利,并深刻总结国内外正反两方面经验,不断探索实践,不断改革创新,建立和完善社会主义制度,形成和发展党的领导和经济、政治、文化、社会、生态文明、军事、外事等各方面制度,加强和完善国家治理,取得历史性成就。……

全会强调,我国国家制度和国家治理体系具有多方面的显著优势,主要是:坚持党的集中统一领导……;坚持人民当家作主……;坚持全面依法治国……;坚持全国一盘棋……;坚持各民族一律平等……;坚持公有制为主体、多种所有制经济共同发展和按劳分配为主体、多种分配方式并存……;坚持共同的理想信念、价值理念、道德观念……;坚持以人民为中心的发展思想……;坚持改革创新,与时俱进……;坚持德才兼备、选贤任能,聚天下英才而用之……;坚持党指挥枪……;坚持"一国两制"……;坚持独立自主和对外开放相统一……。这些显著优势,是我们坚定中国特色社会主义道路自信、理论自信、制度自信、文化自信的基本依据。

全会强调,必须坚持以马克思列宁主义、毛泽东思想、邓小平理论、"三个代表"重要思想、科学发展观、习近平新时代中国特色社会主义思想为指导,增强"四个意识",坚定"四个自信",做到"两个维护"……

全会提出,坚持和完善中国特色社会主义制度、推进国家治理体系和治理能力现代化的总体目标是,到我们党成立一百年时,在各方面制度更加成熟更加定型上取得明显成效……

全会提出,坚持和完善党的领导制度体系,提高党科学执政、民主执政、依法执政水平。……

全会提出,坚持和完善人民当家作主制度体系,发展社会主义民主政治。……

全会提出,坚持和完善中国特色社会主义法治体系,提高党依法治国、依法执政能力。……

全会提出,坚持和完善中国特色社会主义行政体制,构建职责明确、依法行政的政府治理体系。……

全会提出,坚持和完善社会主义基本经济制度,推动经济高质量发展。……

全会提出,坚持和完善繁荣发展社会主义先进文化的制度,巩固全体人民团结奋斗的共同思想基础。……

全会提出,坚持和完善统筹城乡的民生保障制度,满足人民日益增长的美好生活需要。……

全会提出,坚持和完善共建共治共享的社会治理制度,保持社会稳定、维护国家安全。社会治理是国家治理的重要方面。……

全会提出,坚持和完善生态文明制度体系,促进人与自然和谐共生。生态文明建设是关系中华民族永续发展的千年大计。……

全会提出,坚持和完善党对人民军队的绝对领导制度,确保人民军队忠实履行新时代使命任务。党对人民军队的绝对领导是人民军队的建军之本、强军之魂。……

全会提出,坚持和完善"一国两制"制度体系,推进祖国和平统一。……

全会提出,坚持和完善独立自主的和平外交政策,推动构建人类命运共同体。……

全会提出,坚持和完善党和国家监督体系,强化对权力运行的制约和监督。……

全会强调,坚持和完善中国特色社会主义制度、推进国家治理体系和治理能力现代化,是全党的一项重大战略任务。……

…………

全会号召,全党全国各族人民要更加紧密地团结在以习近平同志为核心的党中央周围,坚定信心,保持定力,锐意进取,开拓创新,为坚持和完善中国特色社会主义制度、推进国家治理体系和治理能力现代化,实现"两个一百年"奋斗目标、实现中华民族伟大复兴的中国梦而努力奋斗!

简析: 这是一份重要会议的公报。标题由会议名称和文种构成,在标题下面,用括号在居中位置注明公报发布的年、月、日;前言部分,用精练的语言概述会议的名称、时间、地点、参加人员等;主体部分采用分段式,即每段说明一层意思或一项决定,一般在每段的段首用"会议指出""会议提出""会议认为""会议强调"等领起;会议性公报一般没有专门的结尾部分,写完即止。

一、公报的含义与特点

公报用于公开发布重要决定和重大事件,具有政治性、公开性和新闻性等特点。

(1) 政治性。公报涉及的是人们普遍注意的重大事件或者重要会议内容,政治性极强。

(2) 公开性。公报应当及时将国内外瞩目的重大事件或者重要决议公之于众,以告知天下,让国内外都有所了解。

(3) 新闻性。公报内容由于事关重大,所以一经发布,即可成为具有很高传播价值的重大新闻。

二、公报的种类

(1) 会议公报:指用以报道重要会议或会谈的决定和情报的公报,一般用于党中央召开的会议。

(2) 事项公报:指党的高级领导机关用以发布重大情况、重要事件的公报。高层行政机关、部门向人民群众公布重大决策、重要事项或重大措施时用此类公报。

(3) 联合公报:是一种特殊用途的公报,用以发布国家、政党、团体之间经过会议达成的某种协议,如"中美三个联合公报"。

三、公报的写作

公报包括首部、正文和尾部三部分。

(一) 首部

公报的首部包括标题和成文时间。

(1) 标题。公报的标题常见有三种形式。第一种是直写文种,如“新闻公报”;第二种由会议名称和文种构成;第三种是联合公报,由发表公报的双方或多方国家的简称、事由、文种构成。

(2) 成文时间。用括号在标题之下正中位置注明公报发布的年、月、日。

(二) 正文

公报的正文包括开头、主体两部分。

(1) 开头即前言部分。事件性公报要求用最鲜明、最精练的语言概述事件的核心内容,即何时、何地发生了什么重大事件;会议性公报要求概述会议的名称、时间、地点、参加人员等;联合公报要求概述公报的来由,即在何时、何地、谁与谁举行了什么会谈或谁对谁进行了什么性质的访问等。

(2) 主体。公报的核心内容,要求把公报的内容完整、系统、有序地表达清楚。常见的写作方式有三种:一种是分段式,即每段说明一层意思或一项决定;第二种是序号式,多用于内容复杂、问题较多的公报;第三种是条款式,多用于联合公报。

(三) 尾部

事件性公报和会议性公报一般没有尾部;联合公报要在正文之后写明双方签署人的身份、姓名、日期,并写明签署地点。

【写作训练】

1. 请结合上述理论知识,分析以下例文的结构特点。

中国共产党第十九届中央委员会第五次全体会议公报

(2020 年 10 月 29 日中国共产党第十九届中央委员会第五次全体会议通过)

中国共产党第十九届中央委员会第五次全体会议,于 2020 年 10 月 26 日至 29 日在北京举行。

出席这次全会的有,中央委员 198 人,候补中央委员 166 人。中央纪律检查委员会常务委员会委员和有关方面负责同志列席会议。党的十九大代表中的部分基层同志和专家学者也列席会议。

全会由中央政治局主持。中央委员会总书记习近平作了重要讲话。

全会听取和讨论了习近平受中央政治局委托作的工作报告,审议通过了《中共中央关于制定国民经济和社会发展第十四个五年规划和二〇三五年远景目标的建议》。习近平就《建议(讨论稿)》向全会作了说明。

全会充分肯定党的十九届四中全会以来中央政治局的工作。……

全会一致认为,面对错综复杂的国际形势、艰巨繁重的国内改革发展稳定任务特别是新冠肺炎疫情严重冲击,以习近平同志为核心的党中央不忘初心、牢记使命,团结带领全党全国各族人民砥砺前行、开拓创新,奋发有为推进党和国家各项事业,战胜各种风险挑战,中国特色社会主义的航船继续乘风破浪、坚毅前行。……

全会高度评价决胜全面建成小康社会取得的决定性成就。……

全会强调,全党全国各族人民要再接再厉、一鼓作气,确保如期打赢脱贫攻坚战,确保如期全面建成小康社会、实现第一个百年奋斗目标,为开启全面建设社会主义现代化国家新征程奠定坚实基础。

全会深入分析了我国发展环境面临的深刻复杂变化,认为当前和今后一个时期,我国发展仍然处于重要战略机遇期,但机遇和挑战都有新的发展变化。当今世界正经历百年未有之大变局,新一轮科技革命和产业变革深入发展,国际力量对比深刻调整,和平与发展仍然是时代主题,人类命运共同体理念深入人心,同时国际环境日趋复杂,不稳定性不确定性明显增加。……

全会提出了到二〇三五年基本实现社会主义现代化远景目标,这就是:我国经济实力、科技实力、综合国力将大幅跃升,经济总量和城乡居民人均收入将再迈上新的大台阶,关键核心技术实现重大突破,进入创新型国家前列;基本实现新型工业化、信息化、城镇化、农业现代化,建成现代化经济体系;基本实现国家治理体系和治理能力现代化,人民平等参与、平等发展权利得到充分保障,基本建成法治国家、法治政府、法治社会;建成文化强国、教育强国、人才强国、体育强国、健康中国,国民素质和社会文明程度达到新高度,国家文化软实力显著增强;广泛形成绿色生产生活方式,碳排放达峰后稳中有降,生态环境根本好转,美丽中国建设目标基本实现;形成对外开放新格局,参与国际经济合作和竞争新优势明显增强;人均国内生产总值达到中等发达国家水平,中等收入群体显著扩大,基本公共服务实现均等化,城乡区域发展差距和居民生活水平差距显著缩小;平安中国建设达到更高水平,基本实现国防和军队现代化;人民生活更加美好,人的全面发展、全体人民共同富裕取得更为明显的实质性进展。

全会提出了"十四五"时期经济社会发展指导思想和必须遵循的原则,强调要……

全会提出了"十四五"时期经济社会发展主要目标,这就是:经济发展取得新成效,在质量效益明显提升的基础上实现经济持续健康发展,……

全会提出,坚持创新在我国现代化建设全局中的核心地位,把科技自立自强作为国家发展的战略支撑,……

全会提出,加快发展现代产业体系,推动经济体系优化升级。……

全会提出,形成强大国内市场,构建新发展格局。……

全会提出,全面深化改革,构建高水平社会主义市场经济体制。……

全会提出,优先发展农业农村,全面推进乡村振兴。……

全会提出,优化国土空间布局,推进区域协调发展和新型城镇化。……

全会提出，繁荣发展文化事业和文化产业，提高国家文化软实力。……

全会提出，推动绿色发展，促进人与自然和谐共生。……

全会提出，实行高水平对外开放，开拓合作共赢新局面。……

全会提出，改善人民生活品质，提高社会建设水平。……

全会提出，统筹发展和安全，建设更高水平的平安中国。……

全会提出，加快国防和军队现代化，实现富国和强军相统一。……

全会强调，实现“十四五”规划和二〇三五年远景目标，必须坚持党的全面领导，……

全会号召，全党全国各族人民要紧密团结在以习近平同志为核心的党中央周围，同心同德，顽强奋斗，夺取全面建设社会主义现代化国家新胜利！

2. 阅读下例，指出写作会议公报的注意事项有哪些。

中国共产党第十九届中央纪律检查委员会第五次全体会议公报

（2021 年 1 月 24 日中国共产党第一九届中央纪律检查委员会第五次全体会议通过）

中国共产党第十九届中央纪律检查委员会第五次全体会议，于 2021 年 1 月 22 日至 24 日在北京举行。出席这次全会的有中央纪委委员 133 人，列席 253 人。

中共中央总书记、国家主席、中央军委主席习近平出席全会并发表重要讲话。李克强、栗战书、汪洋、王沪宁、赵乐际、韩正等党和国家领导人出席会议。

全会由中央纪律检查委员会常务委员会主持。全会以习近平新时代中国特色社会主义思想为指导，全面贯彻党的十九大和十九届二中、三中、四中、五中全会精神，总结 2020 年纪检监察工作，部署 2021 年任务，审议通过了赵乐际同志代表中央纪委常委会所作的《推动新时代纪检监察工作高质量发展，以优异成绩庆祝中国共产党成立 100 周年》工作报告。

全会认真学习、深刻领会习近平总书记重要讲话。一致认为，讲话充分肯定过去一年全面从严治党取得新的重大成果，……

全会指出，2020 年，面对错综复杂的国际形势……在党中央坚强领导下，中央纪委国家监委和地方各级纪委监委坚持不懈学懂弄通做实习近平新时代中国特色社会主义思想，以高度政治自觉担负起“两个维护”重大责任，坚持严的主基调，稳中求进、坚定稳妥，在防控疫情斗争、决胜全面建成小康社会、决战脱贫攻坚等大战大考中忠诚履职尽责，纪检监察工作高质量发展深入推进。……

全会提出，2021 年是实施“十四五”规划、开启全面建设社会主义现代化国家新征程的第一年，也是我们党成立 100 周年。做好纪检监察工作，要以习近平新时代中国特色社会主义思想为指导，……

全会要求，各级纪检监察机关要深入学习贯彻党的十九届五中全会精神，坚定维护习近平总书记党中央的核心、全党的核心地位，坚定维护党中央权威和集中统一领导，更加突出政治监督，更加突出高质量发展主题，……

第一，自觉践行“两个维护”，以强有力的政治监督保障“十四五”规划顺利实施。……

第二，坚定不移深化反腐败斗争，一体推进不敢腐、不能腐、不想腐。重点查处政治问题和经济问题交织的腐败案件，……

第三，深化整治形式主义、官僚主义顽瘴痼疾，让求真务实、清正廉洁的新风正气不断充盈。……

第四，持续整治群众身边腐败和不正之风，促进社会公平正义、保障群众合法权益。……

第五，推进巡视巡察上下联动，充分发挥党内监督利剑和密切联系群众纽带作用。……

第六，促进各类监督贯通融合，不断增强监督治理效能。压紧压实党组织管党治党政治责任和书记第一责任人责任。……

第七，抓深抓实纪检监察体制改革，有效推进党内监督和国家监察全覆盖。……

第八，从严从实加强自我监督约束，建设政治素质高、忠诚干净担当、专业化能力强、敢于善于斗争的纪检监察铁军。……

全会按照党章规定，选举喻红秋、傅奎同志为中共中央纪律检查委员会常务委员会委员、副书记。

全会号召，要更加紧密地团结在以习近平同志为核心的党中央周围，勠力同心、锐意进取，推动全面从严治党、党风廉政建设和反腐败斗争向纵深发展，为庆祝建党100周年，决胜全面建成小康社会、夺取全面建设社会主义现代化国家新胜利作出更大贡献！

第二节　公　　告

【例文导入】

中国人民银行公告

〔××××〕第××号

为便利内地与香港特别行政区之间的经贸和人员往来，引导在香港的人民币有序回流，经国务院批准，中国人民银行将为在香港办理个人人民币存款、兑换、银行卡和汇款业务的有关银行提供清算安排。现公告如下：

一、中国人民银行香港金融管理局以公开、公正的方式选择一家具有丰富清算经验、拥有完备网络和熟悉两地金融管理政策法规的香港持牌银行，授权其作为香港有关银行办理人民币业务的清算行(以下简称清算行),办理符合本公告规定的个人人民币业务的清算。

二、清算行根据中国人民银行的授权,与自愿接受清算条件和安排、参加办理个人人民币业务香港持牌银行(以下简称参加行)签订人民币业务清算协议,按协议为参加行办理清算业务。

三、中国人民银行深圳市中心支行为清算行开立清算账户,接受清算行的存款,并支付利息。清算行的存款仅为其接受参加行所吸收的香港居民个人的人民币存款。

四、清算行可作为中国外汇交易中心的会员,办理人民币与港币兑换业务的平盘。

五、中国人民银行授权清算行为参加行符合下列要求的人民币与港币兑换业务提供平盘服务。

(一)个人每人每次不超过等值××××元人民币的现钞兑换;

(二)个人通过存款账户每人每天不超过等值××××元人民币的兑换;

(三)在香港提供购物、餐饮、住宿等个人旅游消费服务的指定商户收取人民币现钞兑换港币。

六、有关个人人民币银行卡的清算事宜由清算行、中国银联股份有限公司组织办理。内地居民可使用内地银行发行的个人人民币银行卡在香港用于购物、餐饮、住宿等旅游消费支付以及在香港自动取款机上提取小额港币现钞。参加行或其附属机构向香港居民个人发行的人民币银行卡可在内地用于个人消费支付以及在内地自动取款机上提取小额人民币现钞。

七、具有个人人民币业务经营资格的内地银行可以接受经由清算行汇入的香港居民个人人民币汇款,该汇款的收款人须为汇款人,每人每天的人民币汇款最高限额为×××××元。内地银行按有关规定办理汇款的解付。未提用的人民币汇入经审核后可汇回香港。

八、上述安排将在各项技术准备完成后,于近期内陆续实施。

中国人民银行

××××年××月××日

简析:这是一份政策性公告,结构严谨,格式规范。正文由缘由和事项组成,首先将公告的缘由、目的、依据交代得一清二楚,并以“现公告如下”作为过渡语,引领下文,然后将公告的事项分八条列出;全文围绕一个中心,依照其内在逻辑关系逐次说明;没有单独的结语,主体的第八条既可视为主体的一部分,又兼具说明性结语的功效。本例文结构紧凑,条分缕析,衔接紧密,在公告之中属于篇幅较长者。

一、公告的含义与特点

公告是机关、团体向国内外宣布重要事项或者法定事项时使用的文种。

公告的发布者多为国家高层领导机关，如全国人民代表大会及其常务委员会、国务院及其部委、省级人大常委会、省级政府机关。

公告是公开发表的广泛告知性公文，其特点如下：

（一）庄重性

公告宣布的事项对发文机关来说是重大的、事关全局的，行文的语气是庄重严肃的。

（二）告知性

公告的告知范围包括国内外，发文机关和被告知的对象没有直接的隶属关系。

（三）及时性

公告不必通过正常的行文渠道层层下发，而是通过各种新闻媒体及时地、广泛地传播。

二、公告的种类

从宣布内容的性质看，公告可以分为重要事项公告和法定事项公告两大类。

（1）重要事项公告用于公布大事要闻，如国家重大科研实验的成功，国家领导人的任职、出访、病情、逝世等。

（2）法定事项公告主要用于国家权力机关公布有关法律、法规、决定等。

三、公告的写作

公告例文

公告一般包括标题、正文和落款三个部分。

（一）标题

公告标题最常用的写法是发文机关加文种，如“中华人民共和国农业农村部公告”；有时也可以再加上发文事由；也可只用文种“公告”作标题。在标题之下，一般还标有发文序号，如“2020 年第 1 号”。

（二）正文

公告正文一般分依据、事项和结语三个层次。

依据是指发布公告的根据、原因、目的、意义，多则几句，少则一句，务必简明扼要；事项是公告的核心和主体部分，一般要求写清时间、地点、事项及要求等内容；公告最后多以“现予公告”或“特此公告”作结，结语可以省略。

（三）落款

公告落款包括发文机关和成文时间。成文时间之后常常需要注明发布公告的地点，以示庄重。如果格式是题注式，则落款省略。

【写作训练】

1. 请修改下面的公告。

公　告

××市郊区河道管理处，对浑河河夹心至刘尔屯段进行河道整治工作，发现此段内埋有坟墓，根据辽宁省河道管理条例规定：不准在堤防内埋葬坟墓的指示。因此，限坟主于五月末前迁出，逾期不迁者按无主坟处理，特此公告。

××市河道管理处

2. 请分析下面公告，并结合公告的写作特点在小组之间交流心得。

中国侨联××××年招录机关工作人员面试公告

根据国家公务员录用有关规定和中国侨联招录计划，现将中国侨联××××年招录机关工作人员面试工作有关事项公告如下：

一、参加面试的人员

姓名　准考证号

张三　××××××

李四　××××××

王五　××××××

经济联络处职位最低分数线为××分，政策法规处职位最低分数线为××分。

二、面试时间和地点

××××年××月××日上午×时×分在中国侨联机关办公楼（北京东城区北新桥三条甲一号）面试。请各位考生准时到达，迟到者视为自动放弃面试。

三、面试注意事项

1. 参加面试人员须回复邮箱××××@163.com确认。

2. 参加面试人员须携带本人身份证、准考证原件，所在学校盖章的报名推荐表或所在单位出具的同意报考的证明，考生报名登记表，本人近期一、二寸免冠彩色照片各三张。缺少上述证件及材料者，原则上不得参加面试。

3. 面试结束当晚确定参加体检人员，第二天进行体检。接到参加体检通知的人员，××日清晨不得进食、进水，保持空腹。体检结束后考生即可返回。

4. 考生食、宿、路费自理。

四、联系人和电话

李某　×××××××××××

组织人事部

××××年××月××日

第三节　通　　告

【例文导入】

关于互联网通用顶级域申请有关问题的通告

××××年××月至××月，互联网名称和数字地址分配机构（ICANN）正式接受新通用顶级域申请。为维护我国域名管理和服务秩序，推动互联网健康发展，现就我国境内相关组织和单位申请互联网通用顶级域有关要求通告如下：

一、请拟申请通用顶级域的组织或单位在正式提交申请之前，将有关材料报工业和信息化部备案。具体包括：

（一）申请组织或单位的基本情况；

（二）拟申请的顶级域字符标识、目标服务范围、运营发展计划等；

（三）顶级域注册管理系统建设方案、应急运营工作方案、域名注册数据托管方案等；

（四）顶级域注册管理措施，包括服务监督、地理名称保护、商标品牌保护、个人信息保护、反域名滥用等。

二、按照通用顶级域申请规则，申请涉及地理名称的顶级域（以下简称地名顶级域）时，申请人需提交相关政府部门出具的支持或无异议文件。我国负责出具支持或无异议文件的政府部门为工业和信息化部。获得我国地名顶级域支持或无异议文件的具体程序如下：

（一）拟申请我国地名顶级域的组织或单位应向相关省、自治区、直辖市人民政府地名工作主管部门提出申请；

（二）相关省、自治区、直辖市人民政府地名工作主管部门在报经省、自治区、直辖市人民政府同意后，报民政部审批；

（三）民政部对我国地名顶级域合规性进行审核，并出具审核意见；

（四）工业和信息化部在民政部审核意见基础上，做出是否出具支持或无异议文件的决定。

三、申请通用顶级域的机构获得ICANN授权后在我国境内开展域名注册服务及相关活动，应当遵守《中国互联网络域名管理办法》等相关规定。

特此通告。

××部

××××年××月××日

简析:从写作结构上看,该通告首先用简洁的语言写明了发布通告的目的、缘由,接着分条目写出通告事项,措辞严谨,用语明确,向社会公布了应当遵守的事项,便于下级机关执行。正文最后是结语"特此通告"。

一、通告的含义与特点

通告是机关、团体在一定范围内公布事项的告知性文体,适用于公布社会各有关方面应当遵守或周知的事项。

通告与公告是性质相近的两个公文文种,但又有差异,主要表现在四个方面:

一是从所宣布、告知的事项来看,二者皆是一事一告,但公告重于通告。公告公布的是比较重大的事情,通告公布的则次于公告,但在其适用范围内也是重要的事情。

二是从所宣布、告知事项的范围来看,公告大于通告。公告面向国内外,而通告面向国内或国内局部地区。

三是从发布"两告"的机关来看,公告发布的机关级别高,多是党和国家的高级机关;而通告上至中央下至基层机关,以及国有企业、事业单位均可使用。

四是从发布的方式来看,公告采用新闻手段,通过报纸、电视、电台等形式予以公布;而通告既可以采用上述形式公布,也可以内部行文。

通告的特点有:

(1) 规范性。通告的事项通常作为各有关方面的行为准则,或对某些事项进行约束限制,具有行政约束力,要求遵照执行。

(2) 业务性。通告的事项常涉及业务主管部门,其内容带有专业性和事务性。

(3) 广泛性。通告的告知范围广,发布形式多样,可通过报刊、广播电视和网络发布,也可张贴,其目的是使内容广为人知。

二、通告的种类

按照所涉及的内容的性质来分,通告可以分为法规性通告和周知性通告两种。

(一) 法规性通告

法规性通告是指有关机构在宪法、法律、法规赋予的权力范围内发布的通告,规定一些事项,有关人员必须遵守,具有一定的强制力。

(二) 周知性通告

周知性通告主要目的是使群众或有关人员了解重要情况、重要消息,因此,文中不提直接的执行要求。

三、通告的写作

通告由标题、正文、发文机关和日期等部分组成。

（一）标题

通告标题由发文机关、事由、文种构成，如“重庆市工商行政管理局、重庆市公安局关于禁止非法传销活动的通告”；根据具体情况，也可使用发文机关加文种，如“中华人民共和国公安部通告”；也可采用事由加文种，如“关于清理、取缔‘三无’船舶的通告”；也可只写“通告”二字。

（二）正文

通告正文由缘由、通告事项和结尾三部分组成。

缘由为发布通告的原因、目的、意义或依据，事项为须知和遵守的内容。缘由述毕，用“特通告如下”转承连接。通告事项是面对大众的，应简洁明了，通俗易懂，便于掌握。结尾部分可提出要求、希望，并用“此告”“特此通告”作结，有时也可不写，形式比较灵活。

（三）发文机关和日期

通告的正文后应当签署发布通告的机关名称和日期。

【写作训练】

1. 请分析以下例文的不足之处。

通 告

××××年××月××日上午上班时间，××与××因××打架事件，于××处协调解决的情况下，两人再次起冲突后××首先动手扭打起来。根据公司管理规定，员工在上班时间不准打架斗殴，××无视上述管理规定，上班期间主动挑起打架事件，造成极坏的影响。为严肃公司纪律，规范员工管理，经研究决定，对打架事件作如下处理：

对××处以××元人民币罚款。

望公司全体员工引以为戒，杜绝类似事件的再次发生。

×××公司

××××年××月××日

2. 请修改下面这则通告。

××市××区工商行政管理局通告

根据《工商登记管理暂行规定》对我区姚渡商贸公司进行了清理。经过清理已于××××年××月××日正式宣布注销，并公告全省各地工商行政管理部门。现发现继续以原公司名誉从事非法经营活动。为此，我局再次公告：凡所持原××姚渡商贸公司营业执照（包括营业执照副本）、印章、介绍信、合同纸、名片等一律无效。对发现使用上述无效证件者（包括复印件），请扣留交我局。特此通告。

3. 请指出下列通告的类型,并分析其结构。

××市供电局通告

为方便群众监督、抵制以电谋私的不正之风,××市供电局规定,凡从事营业、工程安装设计以及一切与用户有工作联系的职工均应佩戴员工证。员工证上有本人的照片、姓名、工作部门、编号。凡不佩戴员工证而从事供电业务者,市民可视为非供电局人员。如发现供电局员工有侵犯用户利益的行为,欢迎直接向××市供电局举报。

监督举报电话:××××××××

××市供电局

××××年××月××日

4. 根据以下材料,请代××市公安局拟写一份通告。

烟花爆竹是国家明令严格监管的民用爆炸物品,烟花爆竹的使用必须符合安全规定。近年来,个别居民和单位燃放烟花爆竹时方法、燃放时间地点不当,不仅造成社会治安和消防安全隐患,而且污染环境,干扰正常工作生活秩序,严重影响广大人民群众身心健康。为了保持良好的社会环境,维护广大市民的正当权益,塑造文明的城市形象,禁止在市区××路至××路口段、××路、××西路、××路至××路口段、××路、××路等主要街道燃放烟花爆竹,禁止在公共楼梯、走廊、橱窗内燃放烟花爆竹,禁止在零点至6:00和12:30至14:30的时间段内燃放烟花爆竹。凡违反上述规定的,一律责令立即清除遗物遗迹,并按有关规定严厉处罚。各单位要教育好本单位的干部职工及其家属子女自觉遵守上述规定,不得在规定时间和地点燃放烟花爆竹。

第四节　意　　见

【例文导入】

国务院办公厅关于促进平台经济规范健康发展的指导意见

国办发〔2019〕38号

各省、自治区、直辖市人民政府,国务院各部委、各直属机构:

互联网平台经济是生产力新的组织方式,是经济发展新动能,对优化资源配置、促进跨界融通发展和大众创业万众创新、推动产业升级、拓展消费市场尤其是增加就业,都有重要作用。……为促进平台经济规范健康发展,经国务院同意,现提出以下意见。

一、优化完善市场准入条件，降低企业合规成本

（一）推进平台经济相关市场主体登记注册便利化。放宽住所（经营场所）登记条件，经营者通过电子商务类平台开展经营活动的，可以使用平台提供的网络经营场所申请个体工商户登记。……

（二）合理设置行业准入规定和许可。放宽融合性产品和服务准入限制，只要不违反法律法规，均应允许相关市场主体进入。……

（三）加快完善新业态标准体系。对部分缺乏标准的新兴行业，要及时制定出台相关产品和服务标准，为新产品新服务进入市场提供保障。……

二、创新监管理念和方式，实行包容审慎监管

（一）探索适应新业态特点、有利于公平竞争的公正监管办法。本着鼓励创新的原则，分领域制定监管规则和标准，在严守安全底线的前提下为新业态发展留足空间。……

（二）科学合理界定平台责任。明确平台在经营者信息核验、产品和服务质量、平台（含APP）索权、消费者权益保护、网络安全、数据安全、劳动者权益保护等方面的相应责任，强化政府部门监督执法职责，不得将本该由政府承担的监管责任转嫁给平台。……

（三）维护公平竞争市场秩序。制定出台网络交易监督管理有关规定，依法查处互联网领域滥用市场支配地位限制交易、不正当竞争等违法行为。……

（四）建立健全协同监管机制。适应新业态跨行业、跨区域的特点，加强监管部门协同、区域协同和央地协同，充分发挥"互联网+"行动、网络市场监管、消费者权益保护、交通运输新业态协同监管等部际联席会议机制作用，提高监管效能。……

（五）积极推进"互联网+监管"。依托国家"互联网+监管"等系统，推动监管平台与企业平台联通，加强交易、支付、物流、出行等第三方数据分析比对，开展信息监测……

三、鼓励发展平台经济新业态，加快培育新的增长点

（一）积极发展"互联网+服务业"。支持社会资本进入基于互联网的医疗健康、教育培训、养老家政、文化、旅游、体育等新兴服务领域，改造提升教育医疗等网络基础设施，扩大优质服务供给，满足群众多层次多样化需求。……

（二）大力发展"互联网+生产"。适应产业升级需要，推动互联网平台与工业、农业生产深度融合，提升生产技术，提高创新服务能力，在实体经济中大力推广应用物联网、大数据，促进数字经济和数字产业发展，深入推进智能制造和服务型制造。……

（三）深入推进"互联网+创业创新"。加快打造"双创"升级版，依托互联网平台完善全方位创业创新服务体系，实现线上线下良性互动、创业创新资源有机结合。……

（四）加强网络支撑能力建设。深入实施"宽带中国"战略，加快5G等新一代信息基础设施建设，优化提升网络性能和速率，推进下一代互联网、广播电视网、物

联网建设,进一步降低中小企业宽带平均资费水平,为平台经济发展提供有力支撑。……

四、优化平台经济发展环境,夯实新业态成长基础

(一)加强政府部门与平台数据共享。依托全国一体化在线政务服务平台、国家"互联网+监管"系统、国家数据共享交换平台、全国信用信息共享平台和国家企业信用信息公示系统,进一步归集市场主体基本信息和各类涉企许可信息,力争2019年上线运行全国一体化在线政务服务平台电子证照共享服务系统,为平台依法依规核验经营者、其他参与方的资质信息提供服务保障。……

(二)推动完善社会信用体系。加大全国信用信息共享平台开放力度,依法将可公开的信用信息与相关企业共享,支持平台提升管理水平。……

(三)营造良好的政策环境。各地区各部门要充分听取平台经济参与者的诉求,有针对性地研究提出解决措施,为平台创新发展和吸纳就业提供有力保障。……

五、切实保护平台经济参与者合法权益,强化平台经济发展法治保障

(一)保护平台、平台内经营者和平台从业人员等权益。督促平台按照公开、公平、公正的原则,建立健全交易规则和服务协议,明确进入和退出平台、商品和服务质量安全保障、平台从业人员权益保护、消费者权益保护等规定。……

(二)加强平台经济领域消费者权益保护。督促平台建立健全消费者投诉和举报机制,公开投诉举报电话,确保投诉举报电话有人接听,建立与市场监管部门投诉举报平台的信息共享机制,及时受理并处理投诉举报……

(三)完善平台经济相关法律法规。及时推动修订不适应平台经济发展的相关法律法规与政策规定,加快破除制约平台经济发展的体制机制障碍。……

……

各地区、各部门要充分认识促进平台经济规范健康发展的重要意义,按照职责分工抓好贯彻落实,压实工作责任,完善工作机制,密切协作配合,切实解决平台经济发展面临的突出问题,推动各项政策措施及时落地见效,重大情况及时报国务院。

国务院办公厅

2019年8月1日

简析:这是由国务院办公厅发布的一份意见。从文件的结构看,标题由发文机关、事由和文种构成,表述清晰。开头部分说明意见的依据,具体意见通过五个方面来阐释,条分缕析,对促进平台经济规范健康发展提出了具体的指导意见。结尾部分提出希望和要求。全文结构完整,逻辑关系清晰,一级标题、二级标题使用正确。

一、意见的含义与特点

意见是用于对重要问题提出见解和处理办法的公文文体。意见往往是上呈然后批转下发的，一般是主管机关或职能部门对一些重要问题提出的看法、建议实行的措施或办法，要求上级批准实施或批转更大范围实行。意见的特点如下：

(1) 指导性强。意见是正式公文，要求下级须结合实际，遵照贯彻执行，因此它的最大特点是政策指导性较强。

(2) 用途广。意见既具有公文效用，也可以作为供领导研究讨论决定时参考的书面材料，用途十分广泛。

(3) 针对性强。意见的制发往往针对工作中急需解决的问题或必须克服的困难，因此其提出问题必须及时，提出的见解、办法必须对症下药，具有可操作性。

二、意见的种类

意见大体上可分为四类。

(一) 建议性意见

建议性意见主要用于下级机关对上级机关提出工作建议，如《××支行党委关于对××分行党委领导班子的意见》。

(二) 规定性意见

规定性意见主要用于对辖属机构、组织及人员提出规范性的要求和措施，如《××党委关于××××的意见》。

(三) 指导性意见

指导性意见是指上级机关针对工作中的某些薄弱环节或出现的问题提出的意见，阐明指导思想、工作原则，提出工作思路和措施，给下级机关以及时的指导，从而促进下级工作的顺利开展，如《××大学关于修订 2019 版人才培养方案的指导意见》。

(四) 工作部署性意见

工作部署性意见指有关部门对某项工作或全面工作作出安排，如《××××关于进一步加强房地产信贷业务管理的意见》。

三、意见的写作

意见一般由标题、正文、发文机关和成文日期组成。

(一) 标题

意见标题由发文机关、事由、文种组成，如“国家税务总局关于调整国家税务局、地方税务局税收征管范围的意见”；也可省略发文机关，如“关于对各种基金进行清理登记的意见”。

(二)正文

意见的正文部分,开头提出问题或依据;主体是见解或办法,如有说明或论证既可放在开头,也可写在主体部分与见解、办法结合;结尾可写注意事项、预测前景,补充说明、实施要求等,也可不写。意见上报时要有结语和要求,如“请审查批示”“如无不妥请转发各地施行”等。

(三)发文机关和成文日期

下行文的指导性意见,前面有题注,正文后就不用标注发文机关和成文日期了。上行文的建议性意见和平行文的参考性意见要标出发文机关,加盖印章。

【写作训练】

1. 阅读下例,分析其写作特点,并在组内交流发言。

中共中央 国务院
关于全面加强新时代大中小学劳动教育的意见

(2020年3月20日)

为构建德智体美劳全面培养的教育体系,现就加强新时代大中小学劳动教育提出如下意见。

一、充分认识新时代培养社会主义建设者和接班人对加强劳动教育的新要求

(一)重大意义。劳动教育是中国特色社会主义教育制度的重要内容,直接决定社会主义建设者和接班人的劳动精神面貌、劳动价值取向和劳动技能水平。长期以来,各地区和学校坚持教育与生产劳动相结合,在实践育人方面取得了一定成效。同时也要看到,近年来一些青少年中出现了不珍惜劳动成果、不想劳动、不会劳动的现象,劳动的独特育人价值在一定程度上被忽视,劳动教育正被淡化、弱化。对此,全党全社会必须高度重视,采取有效措施切实加强劳动教育。

(二)指导思想。以习近平新时代中国特色社会主义思想为指导,全面贯彻党的教育方针,落实全国教育大会精神,坚持立德树人,坚持培育和践行社会主义核心价值观,把劳动教育纳入人才培养全过程,贯通大中小学各学段,贯穿家庭、学校、社会各方面,与德育、智育、体育、美育相融合,紧密结合经济社会发展变化和学生生活实际,积极探索具有中国特色的劳动教育模式,创新体制机制,注重教育实效,实现知行合一,促进学生形成正确的世界观、人生观、价值观。

(三)基本原则

——把握育人导向。坚持党的领导,围绕培养担当民族复兴大任的时代新人,着力提升学生综合素质,促进学生全面发展、健康成长。把准劳动教育价值取向,引导学生树立正确的劳动观,崇尚劳动、尊重劳动,增强对劳动人民的感情,报效国家,奉献社会。

——遵循教育规律。符合学生年龄特点,以体力劳动为主,注意手脑并用、安全适度,强化实践体验,让学生亲历劳动过程,提升育人实效性。

——体现时代特征。适应科技发展和产业变革,针对劳动新形态,注重新兴技术支撑和社会服务新变化。深化产教融合,改进劳动教育方式。强化诚实合法劳动意识,培养科学精神,提高创造性劳动能力。

——强化综合实施。加强政府统筹,拓宽劳动教育途径,整合家庭、学校、社会各方面力量。家庭劳动教育要日常化,学校劳动教育要规范化,社会劳动教育要多样化,形成协同育人格局。

——坚持因地制宜。根据各地区和学校实际,结合当地在自然、经济、文化等方面条件,充分挖掘行业企业、职业院校等可利用资源,宜工则工、宜农则农,采取多种方式开展劳动教育,避免"一刀切"。

二、全面构建体现时代特征的劳动教育体系

(四)把握劳动教育基本内涵。劳动教育是国民教育体系的重要内容,是学生成长的必要途径,具有树德、增智、强体、育美的综合育人价值。实施劳动教育重点是在系统的文化知识学习之外,有目的、有计划地组织学生参加日常生活劳动、生产劳动和服务性劳动,让学生动手实践、出力流汗,接受锻炼、磨炼意志,培养学生正确劳动价值观和良好劳动品质。

(五)明确劳动教育总体目标。通过劳动教育,使学生能够理解和形成马克思主义劳动观,牢固树立劳动最光荣、劳动最崇高、劳动最伟大、劳动最美丽的观念;体会劳动创造美好生活,体认劳动不分贵贱,热爱劳动,尊重普通劳动者,培养勤俭、奋斗、创新、奉献的劳动精神;具备满足生存发展需要的基本劳动能力,形成良好劳动习惯。

(六)设置劳动教育课程。整体优化学校课程设置,将劳动教育纳入中小学国家课程方案和职业院校、普通高等学校人才培养方案,形成具有综合性、实践性、开放性、针对性的劳动教育课程体系。

根据各学段特点,在大中小学设立劳动教育必修课程,系统加强劳动教育。中小学劳动教育课每周不少于1课时,学校要对学生每天课外校外劳动时间作出规定。职业院校以实习实训课为主要载体开展劳动教育,其中劳动精神、劳模精神、工匠精神专题教育不少于16学时。普通高等学校要明确劳动教育主要依托课程,其中本科阶段不少于32学时。除劳动教育必修课程外,其他课程结合学科、专业特点,有机融入劳动教育内容。大中小学每学年设立劳动周,可在学年内或寒暑假自主安排,以集体劳动为主。高等学校也可安排劳动月,集中落实各学年劳动周要求。

根据需要编写劳动实践指导手册,明确教学目标、活动设计、工具使用、考核评价、安全保护等劳动教育要求。

(七)确定劳动教育内容要求。根据教育目标,针对不同学段、类型学生特点,以日常生活劳动、生产劳动和服务性劳动为主要内容开展劳动教育。结合产业新业态、劳动新形态,注重选择新型服务性劳动的内容。

……

(八)健全劳动素养评价制度。将劳动素养纳入学生综合素质评价体系,制定评价标准,建立激励机制,组织开展劳动技能和劳动成果展示、劳动竞赛等活动,全面客观记录课内外劳动过程和结果,加强实际劳动技能和价值体认情况的考核。……

三、广泛开展劳动教育实践活动

(九)家庭要发挥在劳动教育中的基础作用。注重抓住衣食住行等日常生活中的劳动实践机会,鼓励孩子自觉参与、自己动手,随时随地、坚持不懈进行劳动,掌握洗衣做饭等必要的家务劳动技能,每年有针对性地学会 1 至 2 项生活技能。鼓励学校(家委会)和社区等组织开展学生生活技能展示活动。……

(十)学校要发挥在劳动教育中的主导作用。学校要切实承担劳动教育主体责任,明确实施机构和人员,开齐开足劳动教育课程,不得挤占、挪用劳动实践时间。明确学校劳动教育要求,着重引导学生形成马克思主义劳动观,系统学习掌握必要的劳动技能。根据学生身体发育情况,科学设计课内外劳动项目,采取灵活多样形式,激发学生劳动的内在需求和动力。……

(十一)社会要发挥在劳动教育中的支持作用。充分利用社会各方面资源,为劳动教育提供必要保障。各级政府部门要积极协调和引导企业公司、工厂农场等组织履行社会责任,开放实践场所,支持学校组织学生参加力所能及的生产劳动、参与新型服务性劳动,使学生与普通劳动者一起经历劳动过程。鼓励高新企业为学生体验现代科技条件下劳动实践新形态、新方式提供支持。……

四、着力提升劳动教育支撑保障能力

(十二)多渠道拓展实践场所。大力拓展实践场所,满足各级各类学校多样化劳动实践需求。充分利用现有综合实践基地、青少年校外活动场所、职业院校和普通高等学校劳动实践场所,建立健全开放共享机制。农村地区可安排相应土地、山林、草场等作为学农实践基地,城镇地区可确认一批企事业单位和社会机构,作为学生参加生产劳动、服务性劳动的实践场所。……

(十三)多举措加强人才队伍建设。采取多种措施,建立专兼职相结合的劳动教育师资队伍。根据学校劳动教育需要,为学校配备必要的专任教师。高等学校要加强劳动教育师资培养,有条件的师范院校开设劳动教育相关专业。设立劳模工作室、技能大师工作室、荣誉教师岗位等,聘请相关行业专业人士担任劳动实践指导教师。……

(十四)健全经费投入机制。各地区要统筹中央补助资金和自有财力,多种形式筹措资金,加快建设校内劳动教育场所和校外劳动教育实践基地,加强学校劳动教育设施标准化建设,建立学校劳动教育器材、耗材补充机制。……

(十五)多方面强化安全保障。各地区要建立政府负责、社会协同、有关部门共同参与的安全管控机制。建立政府、学校、家庭、社会共同参与的劳动教育风险分散机制,鼓励购买劳动教育相关保险,保障劳动教育正常开展。各学校要加强对师生的劳动安全教育，强化劳动风险意识，建立健全安全教育与管理并重的劳动安全保障体系。……

五、切实加强劳动教育的组织实施

（十六）加强组织领导。在党委统一领导下，各级政府要把劳动教育摆上重要议事日程，出台相关政策措施，切实解决劳动教育实施过程中的重大问题，做好督促落实。……

（十七）强化督导检查。把劳动教育纳入教育督导体系，完善督导办法。……

（十八）加强宣传引导。引导家长树立正确劳动观念，支持配合学校开展劳动教育。加强劳动教育科学研究，宣传推广劳动教育典型经验。积极宣传企事业单位和社会机构提供劳动教育服务的先进事迹。……

2. 请指出下例的不足并修改完善。

××师范学院关于加强重点学科建设的意见

最近，学院领导办公室根据××市领导同志的意见，讨论了关于我校学科建设的问题。现对有关问题作出以下指示：

一、重点学科建设是增强教师队伍素质、提高教学质量、申办学科硕士点的需要，是实现下一步目标——建设师范大学的需要。各系、部领导，行政、教职工人员应认清学科建设的意义，加强学科建设的力度。

二、重点学科建设首先应该找准学科方向，汇聚学科队伍，构筑学科基地。

三、重点学科建设应做强特色学科（化学、客家研究），做优传统学科（中文、数学、物理等），培养新兴学科（心理学、管理学），加强弱势学科。

各系（部）要立足本单位实际情况，采取灵活多样的途径和手段，全面加强重点学科建设，切实做好今年增加硕士点的申报工作。

第五节　通　　知

【例文分析】

国务院办公厅关于开展
第一次全国自然灾害综合风险普查的通知

国办发〔2020〕12号

各省、自治区、直辖市人民政府，国务院各部委、各直属机构：

按照党中央、国务院决策部署，为全面掌握我国自然灾害风险隐患情况，提升全社会抵御自然灾害的综合防范能力,经国务院同意,定于2020年至2022年开展第一次全国自然灾害综合风险普查工作。现将有关事项通知如下:

一、普查目的和意义

全国自然灾害综合风险普查是一项重大的国情国力调查,是提升自然灾害防治能力的基础性工作。通过开展普查,摸清全国自然灾害风险隐患底数,查明重点地区抗灾能力,客观认识全国和各地区自然灾害综合风险水平,为中央和地方各级人民政府有效开展自然灾害防治工作、切实保障经济社会可持续发展提供权威的灾害风险信息和科学决策依据。

二、普查对象和内容

普查对象包括与自然灾害相关的自然和人文地理要素,省、市、县各级人民政府及有关部门,乡镇人民政府和街道办事处,村民委员会和居民委员会,重点企事业单位和社会组织,部分居民等。普查覆盖各省、自治区、直辖市和新疆生产建设兵团。

……

三、普查时间安排

本次普查标准时点为2020年12月31日。2020年为普查前期准备与试点阶段,建立各级普查工作机制,落实普查人员和队伍,开展普查培训,开发普查软件系统,组织开展普查试点工作。2021年至2022年为全面调查、评估与区划阶段,完成全国自然灾害风险调查和灾害风险评估,编制灾害综合防治区划图,汇总普查成果。

四、普查组织和实施

全国自然灾害综合风险普查涉及范围广、参与部门多、协同任务重、工作难度大。为加强组织领导,成立国务院第一次全国自然灾害综合风险普查领导小组,负责普查组织实施中重大问题的研究和决策。领导小组办公室设在应急部,承担领导小组的日常工作,负责普查业务指导和监督检查。领导小组成员因工作变动需要调整的,由所在单位向领导小组办公室提出,报领导小组组长审批。领导小组属于阶段性工作机制,不属于新设立的议事协调机构,任务完成后即撤销。

……

五、普查经费保障

全国自然灾害综合风险普查工作经费以地方保障为主,地方各级人民政府要确保经费按时落实到位。中央负责中央本级相关支出和中央部门承担的跨省(自治区、直辖市)普查工作相关支出,并通过专项转移支付给予地方适当补助。

六、普查工作要求

全国自然灾害综合风险普查工作人员和普查对象必须严格按照《中华人民共和国统计法》的有关规定和本次普查的具体要求,如实反映情况,提供有关数据,按时填报普查表,确保数据完整、真实、可靠。任何地方、部门、单位和个人不得虚报、瞒报、拒报、迟报,不得伪造、篡改普查数据。普查结果要逐级上报,按规定程序报批后对外发布。各级普查机构及其工作人员对在普查中所知悉的涉密资料和数据，必须严格履行保密义务。

各地区各有关部门要充分利用报刊、广播、电视和网络等媒体，广泛深入宣传全国自然灾害综合风险普查工作的重要意义和要求，为开展普查创造良好的舆论环境。

附件：国务院第一次全国自然灾害综合风险普查领导小组组成人员名单

国务院办公厅
2020 年 5 月 31 日

简析：该通知目的意义明确，内容清晰，条理清楚，时间、人员、实施环节具体。正文结构完整，逻辑严谨，层次鲜明，语言清楚明白。

一、通知的含义与特点

通知是向特定受文对象告知或转达有关事项或文件，让受文对象知道或执行的公文。

通知是一种使用面极广，以下行为主，也可平行的公文。其特点主要有：

（1）高频性。由于适用范围广、承载事项多，通知具有沟通下级、联系左右、传递信息、发布规章、告知事项等诸多作用。通知是一种使用率最高的公文。

（2）专指性。通知的主送机关标列明确，作为下行文时可发全部下属机关、单位，也可特指；根据内容需要，可发部分下级机关、单位，也可单发。不管如何发送，通知都是专指的，受文对象是明晰、确定的。

（3）简明性。通知内容较单一，或告知事项，或经转文件，或布置工作，或任免人员。

二、通知的种类

根据适用范围的不同，通知主要可分为六类：

（一）发布性通知

发布性通知是发布有关法规和规章的通知，一般用于党政机关内部行文，如《最高人民法院关于印发〈人民法院诉讼费收费办法〉的通知》。

（二）批转性通知

批转性通知用于上级批转下级机关公文，让下级周知或执行。常见的批转性通知有批转行政措施的，如《国务院批转铁道部、国家物价局关于铁路短途客货运价调整方案的报告的通知》，有批转请示事项的，如《国务院批转民政部等部门关于扶持农村贫困户发展生产治穷致富的请示的通知》，还有批转上报事项的，如《国务院批转劳动保障部等部门关于辽宁省完善城镇社会保障体系试点情况报告的通知》。批转性通知,重在一个“批”字,即对下级文件表示意见。在实践中,只有对下级文件才可根据需要采用批转性通知。

(三) 转发性通知

转发性通知用于转发上级机关或者不相隶属机关的公文给下级有关人员,让他们周知或执行。转发性通知,有下转上的,也有平转平的。下转上,即下级转发上级机关的公文,如《广东省人民政府转发国务院关于调整机关、事业单位工作人员工龄津贴标准的通知》。平转平,即转发不相隶属机关的公文,如《国务院办公厅转发教育部等部门关于进一步深化普通高等学校毕业生就业制度改革有关问题意见的通知》。

(四) 指示性通知

指示性通知用于上级机关指示下级机关如何开展工作,如《国务院关于进一步解决干部夫妻两地分居问题的通知》。

(五) 事务性通知

事务性通知用于处理日常事务性的工作,如《四川师范大学关于更改电话号码的通知》。

(六) 任免性通知

任免性通知是对相关人员任职或免职的通知,如国务院《关于香港特别行政区政府×××等3人职务任免的通知》。

通知例文

三、通知的写作

通知的结构总体上是相同的,但不同类型的通知又有不同要求。

(一) 标题

一般情况下,通知的标题可以是由发文机关名称、事由、文种三要素组成的完全式标题,如“国务院办公厅关于调整中国人民银行货币政策委员会组成人员的通知”;也可以是事由+文种或者发文机关名称+文种两要素组成的不完全式标题,如“关于下发辽宁省××年高考科目设置方案的通知”等。

发布性通知、批转性通知、转发性通知的标题通常为三要素组成的完全式标题,结构是发文机关+事由(印发、批转、转发加被转文件标题)+文种(通知)。由于标题之中有标题,所以这种标题通常较长,为使其简洁精练,常用的办法有:

1. 省略重复词语

标题“关于批转市计划生育委员会《关于进一步做好计划生育工作的意见》的通知”中有两个“关于”和两个“的”,且有两个书名号,构成重复。按照公文标题中除法规、规章名称加书名号外,一般不用标点符号的要求,删去被转文件标题的书名号,将标题改为“批转市计划生育委员会关于进一步做好计划生育工作意见的通知”。

此外,若转发机关的下级机关再转发,标题之末又要加“的通知”,如此必然形成“的通知”的连锁累赘,为避免重复,标题最后只留一个“的通知”即可。例如,外经贸部、外交部、公安部《关于印发〈输外派劳务人员出国手续的暂行规定〉的通知》，省政府对应部门转发这则通知，其标题如果拟为"关于转发外经贸部、外交部、公安部《关于印发〈办理外派劳务人员出国手续的暂行规定〉的通知》的通知"，那么标题前后就有两个"的通知"，拗口难读，不合规范。为避免累赘，可改写为"转发外经贸部、外交部、公安部关于印发《输外派劳务人员出国手续的暂行规定》的通知"。

2. 合并被转文件

领导机关的重要公文往往被下级机关几层转发，在这个过程中，转发文件的标题大都前套后套，层层缠绕。例如，"国务院办公厅转发劳动保障部等部门关于做好提高三条社会保障线水平等有关工作意见的通知"，此为第一级转发；省政府对应部门转发此文，则为第二级转发，题目可标为"转发国务院办公厅转发劳动保障部等部门关于做好提高三条社会保障线水平等有关工作意见的通知的通知"；依此类推，市政府对应部门为第三级转发，县、区政府对应部门为第四级转发，这样套下来，语言极为复杂。解决此问题，无论哪一级机关转发，在标题中只显示其直接上级机关名称和最初被转发文件的事由。以市政府对应部门的转发为例，题目可拟为"转发省劳动保障厅等部门所转发的关于做好提高三条社会保障线水平等有关工作意见的通知"。这样，标题中只出现两个"转发"，而"关于"和"的通知"只有一个，这不仅控制了标题长度，也符合行文规则。

另外，如果用一个通知来转发几个相关文件，不应该把所有被转文件标题一一列出，妥当的做法是合并文件。例如，国务院办公厅拟用一个通知来转发人事部、财政部有关工资标准的三个文件——《关于调整机关工作人员工资标准的实施方案》《关于调整事业单位工作人员工资标准的实施方案》《关于增加机关、事业单位离退休人员离退休费的实施方案》，这个通知的标题为"国务院办公厅转发人事部财政部关于调整机关事业单位工作人员工资标准和增加离退休人员离退休费三个实施方案的通知"。

（二）主送机关

作为普发性下行文，通知的主送机关为全称直属机关、单位。以中共中央文件为例，所发通知的主送机关为"各省、自治区、直辖市党委，中央各部委、国家机关各部委党组（党委），解放军各总部、各单位党委，各人民团体党组"。

（三）正文

一般说来，通知的正文包括三个层次：

1. 引据

通知的引据是正文的开头，即开头先写通知的起因缘由，简述其背景、依据，向读者说明制发该通知的原因、目的，给人以总体印象，再通过承启语，如"现通知如下""为此，特作如下通知"等句引领下文。

2. 主体

通知主体一般要写清什么事项、有何要求。通知的正文通常指明经转文件的重要性,阐述通知事项的意义,接着提出贯彻执行的意见、要求,讲究针对性。对于执行要求,习惯语有“请遵照执行”“请参照执行”等,使用则依经转文件内容及经转机关要求而定。

3. 结语

结语是通知正文的结束部分,可用“特此通知”“希遵照执行”“请参照执行”等作为结语,也可不设结语。

(四) 发文机关名称和日期

通知正文后须注明发布通知的机关名称和日期。

【写作训练】

1. 请根据下面的材料,拟写一份通知。

××××年 10 月 8 日,教育部社会科学司向各省(自治区、直辖市)教育厅(教委)、××生产建设兵团教育局发出通知:××××年 11 月 2—3 日在××师范大学召开地方高校哲学社会科学科研工作会议。会议主要内容是:听取×××副部长报告、学校经验交流、研讨地方高校如何通过管理创新促进理论创新。要求地方高校文科科研主管校长、科研处长或分管文科科研副处长参加会议。

2. 请拟写一份《××大学××学院关于举办第×届××杯演讲比赛的通知》。

3. 请根据材料,拟写一则会议通知。

××市委组织部和××市人事局××××年 10 月 15 日下发文件,决定召开会议:11 月 18 日开会,会期 1 天,开会的地点为××酒店。各县市区出席会议人员 11 月 17 日下午到××酒店报到;市直各单位出席会议人员 11 月 18 日上午 8:15 直接到××酒店开会。参会者为市直各单位人事科科长和各县市区人事局局长。××市今年的军队转业干部安置工作已经结束,明年的工作即将开始,本次会议的召开是为了部署明年工作。

第六节　通　　报

【例文导入】

关于表彰××市“五四”奖章获得者的通报

××××年以来,我市广大青年紧紧围绕全市中心工作,积极投身物质文明、政治文明、精神文明建设,为我市的经济发展和社会全面进步作出了积极贡献,并涌现出一批先进青年和先进青年集体典型。为表彰先进,市杰出青年人物和青年群体评选表彰工作组委会决定：

授予×××等40名同志“××市‘五四’奖章”，同时，评选×××等10名同志为“××市十大杰出青年”，×××等10名同志为“××市十大杰出青年企业家”，×××等10名同志为“××市十佳青少年工作者”。

希望受到表彰的先进青年再接再厉，再创佳绩。希望全市广大青年以受到表彰的先进青年为榜样，争做时代风流人物，在全面振兴我市老工业基地、全面建设小康社会的伟大实践中建功立业。

附件：受表彰集体和个人名单

××市杰出青年人物和青年群体评选表彰工作委员会

××××年××月××日

简析：这是一份写法比较规范的表彰性通报。标题采用两要素写法，由事由+文种构成。正文内容概括清楚，首先交代背景情况，写明表彰的缘由；其次写决定事项，即本文的主题；最后提出希望要求。该例文篇幅短小，结构完整，行文简洁。由此观之，通报的正文由三部分构成：缘由、事项、希望要求。

一、通报的含义与特点

通报是用于表彰先进、批评错误、传达重要精神或者情况的公文。通报的特点如下：

（1）应用的广泛性。从发文机关看，各级党政机关可以制发通报，社会团体、企业事业单位亦可制发通报；从适用范围看，通报所发事项较多，既可传达重要会议精神、各级领导的有关指示，也可沟通本地区、本系统、本单位的重要情况，还可以对具有典型意义的人和事给予表扬或批评。

（2）事件的典型性。通报的内容，无论传达的情况、反映的事例，还是表扬或者批评的人物、事件，都必须具有典型性。

（3）表述的重事性。通报的一个特点是重在叙述事实，无论传达情况，还是表扬或者批评个人、团队，都需要用事实说话。在叙述事实时，要求叙述准确，轨迹清晰，重点突出，寓理于事，以事明理。

（4）行文的时效性。以通报传达精神，交流情况，沟通信息，表彰好人好事，批评错误，都要抓住适当时机，讲究及时。

二、通报的种类

（一）表彰性通报

表彰性通报是对事迹突出的先进集体或者先进个人予以表彰的通报。

(二)批评性通报

批评性通报是对有严重错误行为或不良倾向的单位、个人及重大事故、案件等予以揭露、批评的通报。

(三)传达性通报

传达性通报是向有关单位和人员传达重要精神、交流重要情况,以及上情下达的通报。

三、通报的写作

通报由标题、主送机关、正文、发文机关和日期构成。

(一)标题

一般说来,通报的标题由发文机关名称、事由和文种三要素组成,如“中央纪律检查委员会、中央政法委员会关于依法严厉打击严重投机诈骗犯罪活动的通报”;也有两要素标题,如“关于连续发生重大火灾情况的通报”;另外还有正副式标题,如“一个典型的腐败分子——中央纪委关于××省原副省长胡××违纪违法案件的通报”。

(二)主送机关

通报是下行文,其主送部门通常为下级直属部门。少数周知性的通报,也可省略主送部门。前者如《国务院办公厅关于表彰奖励中国女子足球队的通报》,主送机关即为“各省、自治区、直辖市人民政府,国务院各部委、各直属机构”;后者如《关于××严重违纪违法案件的通报》,主送机关即未予标列。

(三)正文

通报正文可分为三个层次。

1. 引据

引据部分是正文的开头,要总括全篇内容,简述情况,说明依据,交代目的,令读者从总体上对通报有所把握。引据最后,一般用“特通报如下”一类过渡句引领下文。

2. 主体

主体首先要陈述主要事实,说明具体状况,然后以事实为基础进行评价分析,再说明处理决定。

3. 结语

结语一般是提出希望、要求,以使点上的经验教训产生面上的积极效应。

(四)发文机关和日期

通报正文后须注明发布通报的机关名称和日期。

【写作训练】

1. 请根据下面的材料,拟写一份通报。

淘金六春秋
——记××车辆工厂废旧回收工人张建

张建是××车辆工厂材料车间的工人，担负着锡等稀有金属的回收任务。在从事这项工作的6年时间里，他东寻西找，居然从破烂堆里为工厂回收了各种有色金属60多吨、镁砂管120多吨，总价值×万元。爱护工厂财物，回收废旧物资，张建简直是铅铁必捡。路上谁丢了颗螺帽螺杆，他见了准会心痛地拾起来；别人丢弃的电线，他会一根根盘好；能修好的废旧水龙头他尽量修好，实在不行，就将水龙头拆开，取出里面的铜芯。这样一来，张建的工具柜里塞满了四处捡来的“珍宝”，同事们打趣地说，老张的工具柜胜过了杜十娘的“百宝箱”。一次，一位同事不慎将割刀烧断，而材料库一时没有铜焊条，还是老张从柜里取出半截铜焊条应了急。

有色金属，特别是铅锡，毒性大，每次干完活，老张总感到喉咙痒痒的。有人劝他：“你这么大年纪，何必认真，一斤铅锡值几个钱？”老张则回答得干脆：“聚沙成塔，集腋成裘，几分钱也是国家财产，浪费了我心疼！”

2. 根据以下材料写一份通报。

××县商业局认真落实经营责任制，强化企业管理，在市场竞争激烈、商业工作难度较大的情况下，团结广大干部职工，扎扎实实做好各项工作，取得了显著的成绩。2019年，××县商业系统商品总购销实绩××万元，比上年增长×%；其中总购进××万元，比上年增长××%；总销售实绩××万元，比上年增长××%，其中纯销售××万元，比上年增长××%；实现利润××万元（不包括批发税），比上年增长××%；上交国家税收××万元，比上年增长××倍，实现了购、销、利润、税收同步增长。

××县商业系统按省政府规定，加强生猪购销管理，端正业务指导思想，落实生猪经营和扭亏责任制。全年收购生猪××万担，比上年增长××倍，占全县生猪总上市量的××%；完成商品总销售××万元，比上年增长××倍；实现利润××万元，比上年增盈××万元；××个食品核算单位中，有××个盈利，亏损单位从上年的××个减为××个。

3. 根据以下材料写一份情况通报。

××××年××月××日，××省××市××县××乡花炮厂发生特大爆炸事故，死亡33人，其中在校中小学生13人，未在校的未成年人2人，受伤12人。这是一起重大责任事故。为认真吸取事故教训，进一步加强安全生产工作，防止同类事故的发生，请代国务院办公厅拟写一份通报。

第四章　党政机关公文写作(四)

第一节　报　　告

【例文导入】

××市人民政府关于治理××河水质污染的问题的报告

××省人民政府:

省政府转来××委员会提出的关于××河水质污染状况的报告,经市政府研究,对报告中提出的有关问题及解决方案报告如下:

一、解决××河水质污染问题的关键是尽快建成××区污水处理厂。……

二、热电厂的煤炭也是污染源之一。解决方案:……

……

××市人民政府

××××年××月××日

简析:这是一份回答上级机关询问的答复报告,属于上行文,行文规范简练,结构清晰。“省政府转来××委员会提出的关于××河水质污染状况的报告”一句表明写作的缘由。“经市政府研究,对报告中提出的有关问题及解决方案报告如下”属过渡句,表明报告是经过研究得来的答复,同时引出下文,条分缕析,针对性强。该报告针对××省人民政府提出的问题一一进行答复,提出了解决办法,具有很强的针对性。

一、报告的含义与特点

报告是下级向上级汇报工作、反映情况、提出建议、回答询问的上行公文。报告的应用范围相当广泛,可以用来向上级反映本部门、本单位各项方针、政策、指示

的情况,也可以用来反映实际工作中遇到的问题。报告具有以下特点:

(1) 真实性。向上级汇报工作,必须保证内容真实、客观。

(2) 多样性。一方面,报告的种类是多种多样的,如工作报告、情况报告、答复报告等;另一方面,报告的内容也呈现出多样性,如专题报告、综合报告、检讨报告等。

(3) 及时性。向上级作报告要及时,不要拖延,以防造成不必要的损失。

(4) 陈述性。报告的表述方式是陈述性的,即主要采用叙述和说明的方式行文。

二、报告的种类

从性质和内容上划分,报告可以分为以下四类:

(一) 工作报告

工作报告在向上级机关汇报例行工作或临时性工作情况时使用。

(二) 情况报告

情况报告在向上级机关汇报工作中发生或发现某些情况和问题时使用。

(三) 建议报告

建议报告的侧重点在对今后工作的意见和建议上,其性质与请示接近。

(四) 答复报告

从内容上看,答复报告也属于工作报告或情况报告。这类报告和前面几类报告不同,它是被动报告,即答复上级的询问,汇报有关情况,答复内容要有针对性,不能答非所问。

三、报告的写作

报告由标题、主送机关、正文、发文机关和日期等部分构成。

(一) 标题

报告的标题由发文机关、事由和文种构成,如“财政部关于控制行政费问题的报告”;也可以由事由和文种构成,如“关于进一步清理非农业建设用地的报告”。

(二) 主送机关

主送机关即受文单位。

(三) 正文

报告的正文分引据、主体、结语三部分。

1. 引据

报告一开始就简明扼要地将一定时间内工作的有关情况,如依据、目的、总的行动及对整个工作的估计、评价等作一概述,以点明全文主旨。然后用“现将有关情况报告如下”承上启下,领起下文。

2. 主体

主体是报告事项部分,也是正文的核心,要叙述报告的具体内容。如果内容多、篇幅长,可采用分题式、分条式或两者相结合的方法进行叙述。

3. 结语

应根据报告的不同内容采用与之相应的不同结语。常用的有"特此报告""专此报告""请审核""请审示""以上报告,如有不妥,请指正"等。

(四)发文机关和日期

报告正文后须注明发布报告的机关名称和日期。

【写作训练】

1. 阅读下文并对其进行修改。

关于副厅级领导干部今年下半年出访计划的请示报告

省政府:

经市委、市政府研究,计划今年下半年由×××、×××等三人,应日本××××协会邀请,赴日本参加×××艺术交流活动,在日时间×天。

特此报告,请批示。

××市人民政府

××××年××月××日

2. 阅读《2020年政府工作报告》,分析其特点及其写作思路,并在组内交流发言。

政府工作报告

——2020年5月22日在第十三届全国人民代表大会第三次会议上

国务院总理　李克强

各位代表:

现在,我代表国务院,向大会报告政府工作,请予审议,并请全国政协委员提出意见。

这次新冠肺炎疫情,是新中国成立以来我国遭遇的传播速度最快、感染范围最广、防控难度最大的公共卫生事件。在以习近平同志为核心的党中央坚强领导下,经过全国上下和广大人民群众艰苦卓绝努力并付出牺牲,疫情防控取得重大战略成果。当前,疫情尚未结束,发展任务异常艰巨。要努力把疫情造成的损失降到最低,努力完成今年经济社会发展目标任务。

一、2019年和今年以来工作回顾

去年,我国发展面临诸多困难挑战。世界经济增长低迷,国际经贸摩擦加剧,国内经济下行压力加大。以习近平同志为核心的党中央团结带领全国各族人民攻坚克难，完成全年主要目标任务，为全面建成小康社会打下决定性基础。

——经济运行总体平稳。……

——经济结构和区域布局继续优化。……

——发展新动能不断增强。……

——改革开放迈出重要步伐。……

——三大攻坚战取得关键进展。……

——民生进一步改善。……

……

各位代表！

新冠肺炎疫情发生后，党中央将疫情防控作为头等大事来抓，习近平总书记亲自指挥、亲自部署，坚持把人民生命安全和身体健康放在第一位。……中华儿女风雨同舟、守望相助，筑起了抗击疫情的巍峨长城。

……

对我们这样一个拥有14亿人口的发展中国家来说，能在较短时间内有效控制疫情，保障了人民基本生活，十分不易、成之惟艰。……

……

在肯定成绩的同时，我们也清醒看到面临的困难和问题。……

二、今年发展主要目标和下一阶段工作总体部署

做好今年政府工作，要在以习近平同志为核心的党中央坚强领导下，以习近平新时代中国特色社会主义思想为指导……确保完成决战决胜脱贫攻坚目标任务，全面建成小康社会。

……

综合研判形势，我们对疫情前考虑的预期目标作了适当调整。今年要……努力完成“十三五”规划目标任务。

……

积极的财政政策要更加积极有为。……

稳健的货币政策要更加灵活适度。……

就业优先政策要全面强化。……

脱贫是全面建成小康社会必须完成的硬任务，要坚持现行脱贫标准，强化扶贫举措落实，确保剩余贫困人口全部脱贫……

……

三、加大宏观政策实施力度，着力稳企业保就业

保障就业和民生，必须稳住上亿市场主体，尽力帮助企业特别是中小微企业、个体工商户渡过难关。

加大减税降费力度。……

推动降低企业生产经营成本。……

强化对稳企业的金融支持。……

千方百计稳定和扩大就业。……

四、依靠改革激发市场主体活力,增强发展新动能

困难挑战越大,越要深化改革,破除体制机制障碍,激发内生发展动力。

深化“放管服”改革。……

推进要素市场化配置改革。……

提升国资国企改革成效。……

优化民营经济发展环境。……

推动制造业升级和新兴产业发展。……

提高科技创新支撑能力。……

深入推进大众创业万众创新。……

五、实施扩大内需战略,推动经济发展方式加快转变

我国内需潜力大,要深化供给侧结构性改革,突出民生导向,使提振消费与扩大投资有效结合、相互促进。

推动消费回升。……

扩大有效投资。……

深入推进新型城镇化。……

加快落实区域发展战略。……

提高生态环境治理成效。……

保障能源安全。……

六、确保实现脱贫攻坚目标,促进农业丰收农民增收

落实脱贫攻坚和乡村振兴举措,保障重要农产品供给,提高农民生活水平。

坚决打赢脱贫攻坚战。……

着力抓好农业生产。……

拓展农民就业增收渠道。……

七、推进更高水平对外开放,稳住外贸外资基本盘

面对外部环境变化,要坚定不移扩大对外开放,稳定产业链供应链,以开放促改革促发展。

促进外贸基本稳定。……

积极利用外资。……

高质量共建“一带一路”。……

推动贸易和投资自由化便利化。……

八、围绕保障和改善民生,推动社会事业改革发展

面对困难,基本民生的底线要坚决兜牢,群众关切的事情要努力办好。

加强公共卫生体系建设。坚持生命至上,改革疾病预防控制体制,完善传染病

直报和预警系统，坚持及时公开透明发布疫情信息。……

提高基本医疗服务水平。……

推动教育公平发展和质量提升。……

加大基本民生保障力度。……

丰富群众精神文化生活。……

加强和创新社会治理。……

强化安全生产责任。……

各位代表！

面对艰巨繁重任务，各级政府要自觉在思想上政治上行动上同以习近平同志为核心的党中央保持高度一致，践行以人民为中心的发展思想，落实全面从严治党要求，坚持依法行政，坚持政务公开，提高治理能力。……

各级政府要始终坚持实事求是……

今年要编制好“十四五”规划，为开启第二个百年奋斗目标新征程擘画蓝图。

各位代表！

我们要坚持和完善民族区域自治制度，支持少数民族和民族地区加快发展，铸牢中华民族共同体意识。……

去年以来，国防和军队建设取得重要进展，人民军队在疫情防控中展示了听党指挥、闻令而动、勇挑重担的优良作风。……

……

各位代表！

中华民族向来不畏艰难险阻，当代中国人民有战胜任何挑战的坚定意志和能力。我们要更加紧密地团结在以习近平同志为核心的党中央周围，高举中国特色社会主义伟大旗帜，以习近平新时代中国特色社会主义思想为指导，迎难而上，锐意进取，统筹推进疫情防控和经济社会发展，努力完成全年目标任务，为把我国建设成为富强民主文明和谐美丽的社会主义现代化强国、实现中华民族伟大复兴的中国梦不懈奋斗！

第二节　请　　示

【例文导入】

关于××省边境贸易公司同××外贸企业建立贸易关系的请示

××省人民政府：

××省边境贸易公司是我省对××贸易历史最长的一家外贸公司。多年来，经双方的共同努力,双方的贸易正在顺利发展,贸易品种、数量及贸易额逐年增加,这对活跃我省市场,调剂人民生活,增进中×友谊起到一定的作用。目前贸易额已达到××亿元。但是,根据近几年的贸易情况分析和我们的实际了解,××方出口能力有限,除向我省出口少量水产品外,其他商品数量不多,品种单一,××方从我省进口的粮油、棉布等主要商品均属国家贸易项下的商品,所以双方开展贸易有一定难度。

根据国务院《××××××××》(国发〔××××〕×号)文件精神,考虑到××省边境贸易公司开展易货贸易的历史较长,外向型技术人才和外贸专业人员较多,物资基础雄厚,又有一定的对外贸易经验;另外,××所需要的日用百货、五金交电、针纺织品、服装面料、化妆品、副食品等均属商业部门几十年经营的商品,货源渠道畅通,现特请××省人民政府批准××省边境贸易公司同××××开展易货贸易,并享有直接经营权。

以上请示,请予批准。

××省商业厅

××××年××月××日

简析:该例文是下级机关向上级机关请求批准某些事项的求准性请示。正文由请示缘由、请示事项和请求三部分组成。从内容上看,请示缘由部分先概述背景,阐释请示的必要性,然后转引有关文件作为政策依据,即“根据国务院〔××××〕×号文件精神”;接着又从两方面介绍请示事项的有利条件,阐明请示事项的可行性,点明请示事项,简洁明了;最后用惯用语“以上请示,请予批准”结尾,语气谦和,符合请示的写作要求。

一、请示的含义与特点

请示是下级机关向上级机关或业务主管机关请示某项工作中的问题,请求明确某项政策界限、审核批准某事项时使用的请求性的上行公文。

请示适用于向上级机关请求指示、批准,主要有如下两种:一是请求上级机关给予指示,主要在遇到现有的方针、政策及法规、规定所不曾涉及的新情况、新问题,或政策难以把握时使用;二是请求上级机关予以批准,主要在遇到超出本机关的职权范围,或本机关人员对其看法、意见不是完全一致的问题时使用。

请示与报告有反映情况、提出建议的共同性,但两者比较,请示具备如下特点:

(1)请求性。从行文的目的看,请示涉及带有迫切性的需要上级机关批示、批准的事项,要求上级机关批复;报告只着眼于汇报工作、反映情况,以达到下情上达的目的,一般不要求批复。只有呈转性报告才要求上级机关“批转”有关部门执行。

(2)单一性。请示一般一文一事,即内容要单一,不可将多项内容放在同一篇文中请示。

（3）预先性。从行文的时间看，请示必须在事前行文，不允许“先斩后奏”；报告则在事前、事中和事后均可行文。

（4）定向性。请示只在向上行文时使用，是请而示之。必须注意的是，对不是上级领导机关的业务主管机关或其他不相隶属单位，一般不使用请示文种。

二、请示的种类

就内容和性质而言，请示可分为请求上级对本单位工作中遇到的问题的处理方法、步骤和具体要求予以批准的求准性请示、请求指示的请示、请求解决问题的请示，对工作中遇到的政策和策略上的疑难问题予以解释的解答性请示，以及请求将本机关的文件向下级机关转发的批转性请示。

三、请示的写作

请示的写作格式如下。

（一）标题

请示的标题可以由发文机关名称、事由、文种构成，也可以由事由和文种构成。

（二）主送机关

请示的主送机关就是负责受理和答复请示的机关。在确定请示主送机关时，要注意以下三点：一是主送机关只能有一个，请求如果多头行文，很可能得不到任何机关的批复；二是只能主送上级机关，不能送领导者个人；三是不得越级。

（三）正文

请示的正文由引据、主体、结语三部分组成。

1. 引据

引据主要表述请示缘由，一般来说，要写明所遇到的新情况、新问题，或自身没有能力解决的困难。

2. 主体

请示的主体要写明想在哪些具体问题、哪些方面得到指示。如果在请求批准的同时还需要人、财、物等方面的支持和帮助，需要把编制、数量、用途等表达清楚、准确，以便上级及时批准。

3. 结语

请示的结语比较简单，在主体之后另起一段，按程式化语言写明请求即可，通常写法是“妥否，请批示”（批准性请示），或“以上请示（意见）如无不妥，请批转（全国、省、市、县）执行”（批转性请示）。要特别注意的是，请示的结语中不能出现“报告”字样，以免造成混乱，甚至延时误事，给工作带来不必要的麻烦。

（四）发文机关与日期

请示正文后须注明提交请示的机关名称和日期。

【写作训练】

1. 修改以下例文。

关于要求补助档案抢救经费的申请报告

今年我省遭受“××”台风的袭击,以至部分地区档案馆的文件受到不同程度的损坏,有些档案库房大量进水,加上高温高湿,导致文件霉变。据不完全统计,全省受损档案共10万余卷,档案是党和国家的宝贵财富,保护好档案是关系到我们子孙后代的大事;为此,根据档案法的有关规定,为抢救受损档案,特向省财政厅申请补助档案抢救经费50万元。

此致

敬礼

××省档案局

××××年××月××日

2. 假如你所就读的××学院决定暑期组织大学生社会实践团,分赴三峡库区进行智力扶贫帮困,开展以送科技、文艺为主的下乡活动。要使这项活动顺利开展就必须获得学校党委的支持、校行政部门的批准,并需要一定的活动经费,还需要与下乡的所在地政府部门取得联系。为了获得校党委的批准,并取得经费的支持,请拟写一份请示。

3. ××大学经过一年多的努力,已基本具备了“涉外法律”专业招生条件,决定向××省教育厅申报“涉外法律”专业,并拟于××××学年开始招生。请为该学校拟定一份请示。

第三节　批　　复

【例文导入】

国务院关于同意将××省××市列为国家历史文化名城的批复

××省人民政府:

你省《关于申报××市为国家历史文化名城的请示》(××发〔××××〕×号)收悉。现批复如下:

一、同意将××省××市列为国家历史文化名城。××市历史悠久,文化底蕴丰厚,历史遗存丰富,近代城市建设特色突出。

二、你省及××市人民政府要根据本批复精神,按照《历史文化名城名镇名村保护条例》的要求,正确处理城市建设与历史文化遗产保护的关系,明确保护的原则和重点,编制好历史文化名城保护规划,并纳入城市总体规划,划定历史文化街区、文物保护单位、历史建筑的保护范围及建设控制地带,制定严格的保护措施。在历史文化名城保护规划的指导下,编制好重要保护地段的详细规划。在规划和建设中,要注重体现近代文化特色和地方传统风貌,不得进行任何与历史文化名城环境和风貌不相协调的建设活动。

三、你省和住房城乡建设部、国家文物局要加强对××市国家历史文化名城规划、保护工作的指导、监督和检查。

国务院

××××年××月××日

简析:这是同意下级机关请求批准某些事项的一份批复(下行文)。从内容上看,发文机关一方面明确表态,同意下级的请示;另一方面,对做好该项工作提出了具体的意见,具有明显的指导工作的性质。

一、批复的含义与特点

批复是上级机关用来回复下级机关请示事项的一种下行公文。一般来说,这里的上、下级机关单位具有隶属关系。批复的特点如下:

(1)针对性。批复只在答复下级机关的请示原则和请示事项时使用,仅就请示的问题表明态度,提出意见、办法,具有鲜明的针对性。批复不会是主动发出的,总是先有请示,后有批复。

(2)批示性。批复中提出的处理意见实际就是对下属机关单位的批示、对收文单位工作的具体部署,下级机关单位必须贯彻执行。

(3)简要性。在批复下属单位的请示时,文字必须简明扼要,态度必须明确,不模棱两可,一般只作原则性、结论性的指示和决定、部署和安排,不作具体分析和深刻阐述。

二、批复的种类

批复是应下级机关的请示而发,它的内容随下级机关请示内容的不同而不同。

批复一般有针对具体单位的公务事宜所作的事项性批复和针对方针、政策问题所作的政策性批复两种。

有的批复只发给请示机关,有的批复则发给多个下级机关贯彻执行。

如果答复同级机关或不相隶属机关的询问或请批,那就不能用批复,而要用函。

三、批复的写作

常用的批复公文一般包括以下几个组成部分:

(一) 标题

批复的标题一般有两种。

(1) 单介词结构标题:即不含收文机关单位,一般为“××××(批复单位)关于×××××(事项)的批复”。如“中共中央关于进一步开展学习宣传×××同志活动的批复”。

(2) 双介词结构标题:即含收文机关名称,一般为“×××(批复单位)关于×××××(事项)给×××(请示单位)的批复”。如“国务院关于××市私人建房问题给××省人民政府办公厅的批复”。

(二) 主送机关

主送单位即请示的机关单位。有些批复文件没有批复称呼这一项。

(三) 正文

批复的正文主要有批复根据和批复意见两部分,有的还有批复要求。

1. 批复根据

批复根据即批复正文的开头语,一般是先引标题,后引发文字号,假如原文件没有发文字号,也可只引用标题。批复根据后以“现将有关事项批复如下”等承启语过渡到批复意见。

2. 批复意见

批复意见是批复的主要部分,要针对请示内容给予具体批示、明确答复。这部分要写得具体、简要、准确、态度鲜明。批复要求即批复的嘱咐和希望,同意下级某项请示和要求后,可写上“希注意总结经验”等字样,这一部分只在必要时才用。批复的结尾一般单独成段,写上“此复”“特此批复”等惯用语;也可不用惯用语,自然结束。

(四) 发文机关的名称和日期

批复正文后须注明批复的机关名称和日期。

【写作训练】

1. 请根据下面的材料,拟写一份批复。

××省财政局、××省盐务局分别以×号、×号文向财政部、××局请示有关卤井更新资金问题。财政部、××局于××××年×月×日对这一请示作了批复。原则同意××省财政局、××省盐务局所拟定的暂行办法,并请他们根据上述要求修订,报财政部、××局核查备案。所需材料、设备请报××省计委统筹安排。按照产量提取的卤井更新资金,必须用于更新卤井,做到专款专用。不得用上述资金搞基本建设项目的卤井工程。凡属新增生产能力的,应由基本建设投资安排。为了维持卤盐简单再生产,充分发挥老企业潜力,同意按照盐的产量提取卤盐更新资金,提取标准暂按每吨盐×元×角,自××××年××月××日开始执行。按固定资产(盐井除外)计算和提取的基本折旧资金仍按统一规定办理。

2. 阅读下例,并分析其写作特点。

国务院关于河北省继续开展张家口赛区冬奥会建设项目投资审批改革试点的批复

国函〔2020〕53号

河北省人民政府:

你省关于继续开展张家口赛区冬奥会建设项目投资审批改革试点的请示收悉。现批复如下:

一、同意河北省继续开展张家口赛区冬奥会建设项目投资审批改革试点。试点期限为2年,自国务院批复之日起算。试点范围和主要措施按照国务院批复同意的《河北省张家口赛区冬奥会建设项目投资审批改革试点方案》(见国函〔2017〕56号,以下简称《试点方案》)执行,因机构改革涉及部门职能调整的事项由相关承接部门负责。

二、试点工作要以习近平新时代中国特色社会主义思想为指导,全面贯彻党的十九大和十九届二中、三中、四中全会精神,认真落实党中央、国务院决策部署,紧紧围绕精彩、非凡、卓越的办赛目标和“绿色办奥、共享办奥、开放办奥、廉洁办奥”理念,持续深化“放管服”改革,加快政府职能深刻转变,更好推动张家口赛区冬奥会项目建设。

三、河北省人民政府要认真组织实施《试点方案》,强化细化责任落实,完善项目法定手续,审批监管服务并重,防止未批先建,在建设项目投资审批改革方面取得可复制可推广的经验。试点中的重大问题和情况及时报告国务院。

四、国务院有关部门要按照职能分工,主动加强指导,积极支持河北省开展改革试点。国务院推进政府职能转变和“放管服”改革协调小组办公室要加强统筹协调,跟踪督促试点工作进展,确保改革试点各项举措落实到位,及时总结推广成熟经验做法。

国务院

2020年4月28日

第四节　议　　案

【例文导入】

×××关于提请审议×××机构改革的议案

××××××:

中国共产党第××次全国代表大会明确提出,要加快行政管理体制改革,抓紧制定行政管理体制改革总体方案。根据党中央的部署,经过认真调研,广泛听取意见,反复研究论证,形成了《×××机构改革方案(草案)》,并先后经×××常务会议讨论和修改并通过。现将《×××机构改革方案》提请×××会第一次会议审议。

附件:×××机构改革方案

×××(职务):××

××××年××月××日

简析:这是一则向××××人民代表大会提出的议案,从结构上看,议案的正文首先说明了提出议案的理由,然后简述了提请审议的具体事项,内容清晰,语言表述无歧义。

一、议案的含义与特点

议案是用于各级人民政府按照法律程序向同级人民代表大会或人民代表大会常务委员会提请审议事项的一种公文。

议案的特点如下:

(1) 行文对象具有特定性。议案只能主送人大或人大常委会,包括全国人大或全国人大常委会、地方各级人大或地方各级人大常委会。部分议案也可以主送专门委员会。

(2) 行文主体具有特定性。提出议案必须具备规定的资格和条件。议案的提出者一般是各级人民政府,其他国家机关如代表大会主席团、人大常委会、各专门委员会、人民法院、人民检察院等也可以提出。

(3) 内容具有特定性。议案内容只限于需要由全国或地方各级人大或人大常委会审议的事项。

(4) 时效性。议案是作为会议文书出现的,只有在人大或人大常委会开会时提出才有效。

二、议案的种类

一般而言，议案的种类有：

（1）立法性议案，主要在两种情况下使用：一是政府机关制定了某项法律或法规之后提请人大审议通过时；二是建议、请求某行政机构制定某项法规时。

（2）重大事项的决策性议案，在针对涉及国家各领域重大事项的决策，需提请人民代表大会审议批准时使用。

（3）任免性议案，主要在提请任命、免去或撤销行政机关工作人员职务，请求人民代表大会审议批准时使用。

（4）建议性议案，通常是以行政部门的身份向权力机关提出建议，这种议案类似建议性报告。

三、议案的写作

议案一般包括以下内容：标题、主送机关、正文、发文机关和日期。

（一）标题

议案的标题一般由议案提出机关、提请审议的事项、议案（文种）组成，如“国务院关于提请审议《中华人民共和国消费者权益保护法》的议案”。

（二）主送机关

议案的主送机关是全国和地方各级人大及其常委会、各专门委员会等。

（三）正文

正文即提请审议的具体事项，这是议案的中心部分，用以陈述议案的根据、理由与请求审议的具体事项。政策、法规依据与事实依据要说明充分、分析得当。对所提审议事项，应提出具体的措施、办法、建议。最后一般以“现提请审议”“请审议决定”结束。

（四）发文机关和日期

提议案人可以是机关，也可以是机关负责人。签署日期是议案提出的日期。

【写作训练】

1. 请修改下面的议案。

×× 省人民政府关于《×× 省国防教育条例（草案）》的议案

省人大常委会：

为了加强国防教育，提高公民的国防素质，省军区起草了《×× 省国防教育条例（草案）》。现将这个地方性法规草案送上，请予审议。

附件:××省国防教育条例(草案)

××省人民政府
××××年××月××日

2. 请根据下面的材料,拟写一份议案。

十三届全国人大常委会第十五次会议于2019年12月28日上午在北京人民大会堂举行闭幕会。会议表决通过了全国人大常委会关于提请审议《中华人民共和国民法典(草案)》的议案,决定将民法典(草案)提请十三届全国人大三次会议审议。请拟写一份议案,将《中华人民共和国民法典(草案)》提请十三届全国人大三次会议审议。

第五节　函

【例文导入】

关于商请列席飞行改革后勤保障现场会的函

××军区空军后勤部:

据悉,你们将召开飞行改革后勤保障现场会,我们也在摸索这方面的路子,为吸取你们的成功经验,把飞行后勤保障工作做好,我们拟派人员前往列席见学。如可行,请酌情安排并函告现场会的具体时间、地点及要求为盼。

空军第××军后勤部
2021年3月1日

简评:该案例是一份商洽列席对方飞行改革后勤保障现场会的函。标题由事由和文种构成,例文用“据悉”两字作开头,交代发函的缘由,进而以谦虚的用语,再向对方提出诚恳的列席请求。例文主送机关和尾部署名、成文时间书写也颇规范。

一、函的含义与特点

函是一种用于无隶属关系的机关之间商洽工作、询问和答复问题、通报情况的公文。

函的特点主要有:

(1) 行文机关、单位之间地位平等。“无隶属关系的机关”既包括平行机关,也包括不相隶属的上下级机关,不受作者职权范围和级别层次高低的限制。

（2）行文各方关系互动。函体现一种双向的关系、平等的原则，适用于与人相商、有问有答的互文关系。

（3）写作形式灵活。函一文一事，行文简短，形式多样，写作上没有严格的限制。

（4）一般不具有行政约束力。函大多用于不相隶属机关之间的联络，而这些机关之间不存在上下级关系或领导与被领导的关系，因此，函对对方机关的约束力较小。

二、函的种类

函在实际行文中形成了多种类型。从内容作用上看，包括：

（1）申请函：向有关主管部门请求批准事项的函。

（2）商洽函：用于请求协助、商洽解决某一问题的函。

（3）询问函：对有关问题或事宜进行询问、征询、核查的函。

（4）答复函：受文单位答复来文机关询问或主管部门函复申请事宜时使用的函。

（5）告知函：主动告诉对方有关情况而不需要答复的函。

其中使用频率最高的是商洽函、询问函和答复函三种。

另外，从行文方向上看，函可分为发函、复函。发函是发文单位主动发出的函；复函是受文单位针对来函，被动答复对方交办事项的函件。

三、函的写作

函是一个正式文种，行文时要采用正式文件的标识格式和发文字号，它的红色标识由发文机关全称或规范化简称加“文件”二字，或在发文机关名称后面外加括号标注“函”组成。因此，不能把便函（即公务便信）视为函，便函不是正式公文，与函没有直接关系。

函的种类不同，其写法亦不同，但大致都包含以下几个部分：

（一）标题

标题要写明发函涉及事项。标题形式一般是“事由”或“关于”加“事由”，较多使用介词结构“关于”，如“国务院办公厅关于取消全国运动会由北京、上海、广东轮流举办限制的函”“关于召开第四届鲁迅学术研究讨论会的函”等。

（二）正文

函的内容因性质而异，一般包括三个部分：发函缘由、具体事项、处理意见和结语。

1. 发函缘由

函的开头常提出问题，说明缘由。发函通常从具体情况写起，写明针对什么、根据什么，或为了达到什么目的、出于什么原因，或写明是什么事等。其具体写法有两种：一种是从本单位写起，如“我部根据……”；另一种是从对方情况写起，如“据悉你部近期进行××演习……”。复函开头一般说明针对的来函，必要时还要概括来函内容，如“你处××月××日关于委托我部带训厨师的来函收悉……”。

2. 具体事项、处理意见

具体事项要写清。申请函应把请求批准事项交代清楚;商洽函应把与对方商洽、请求帮助的事宜和要求写明;询问函应向对方提出询问事项并视情况提出对该事项的看法或意见;告知函应写明告知事项。

3. 结语

结语可根据内容写明要求,通常用固定词组,如"请即函复""请予解决""请予以协助支持为盼""望准予××是荷""特此函告""特此函复"等。

(三)发文机关和日期

函的正文后须注明发函的机关名称和日期。

【写作训练】

1. 请根据下面材料拟写一份函。

××装潢材料厂曾于××××年1月与××市钢铁厂签订了一份购买钢材的合同,后来因对方发来的钢材不符合质量要求,而在此之前,装潢厂已经交付20%的货款计8万元,经过多次交涉,最后双方在××××年5月10日协商达成协议:钢材厂在一个月内退回货款,并将钢材自行运走,就此终结合同。但是事后钢材厂仍未将货款退还。装潢材料厂曾于××××年6月16日以函催讨,未得回音。7月16日该厂再次发函催讨,作为最后通牒。

2. 根据下面的材料写一份函。

××县根据该县气候条件和特点,决定推广烤烟种植项目。为解决烤烟种植过程中的技术问题,县农科所决定请省农科所派技术专家来县里进行专业培训。共举办5期培训班,每期100人。

3. ××中学校拟修建教学楼一栋,请代××学校向××市国土资源局拟写一份请求批准的函。

第六节　纪　　要

【例文导入】

××××军转安置工作会议纪要

时间:××××年××月××日

地点:××会议室

主持人：××、××

出席：××……

列席：××……

为贯彻落实全国军转安置工作精神，保证我省今年军转安置工作顺利进行，省委、省军区、省政府于己于××××年××月××日在××会议室召开了军转安置工作会议。大会由省政府秘书长××和省人事局××处长主持。各地、市、县分管此项工作的领导和军队政治部负责人参加了会议。省领导同志作了重要讲话。

现将会议讨论的问题综述如下：

会议听取了……代表省军转办作的工作报告，对××××年以来军转工作的成绩给予了充分的肯定……

并传达了省政府对军转工作的几点要求：

……

会议指出，为确保今年全省军转工作的顺利进行，在今年的工作中必须要加大三个方面的工作力度：

一、必须加大领导力度。……

二、必须加大宣传力度。……

三、必须加大工作力度。……

会议强调了要做好军转干部的思想教育工作，并把它确实落实。会议同时希望军转干部顾全大局，自觉服从组织安排，并积极配合地方政府解决好转业干部的实际问题。

简析：该会议纪要介绍了会议概况，包括时间、地点、主持人、参会人员，然后分条列出议定事项，观点鲜明，主题明晰，结构完整。

一、会议纪要的含义与特点

会议纪要是用于记载会议主要情况和议定事项的一种公文，与其他机关公文相比较，有着明显的区别，其特点是：

（1）行文的特殊性。会议纪要主要用于记载会议的主要精神和议定事项，一般由机关内部自拟自用。但会议纪要既可用于向上级汇报情况，又可用于向部属传达会议精神或作为办理某一事宜的依据，还可适用于不相隶属的机关之间。

（2）格式的特定性。会议纪要标识多为“××××会议纪要”，会议纪要不加盖印章。会议纪要的格式与标明文种的公文格式的主要区别在于：会议纪要可以以会议纪要标识代替公文标题；不标注主送机关，将受文机关标注在“分送”栏内；没有机关署名；一般应标识印发机关（眉首无发文机关标识的应以机关而不以部门名义）和印发时间。会议纪要的会议时间与落款时间不一致的，其生效时间以落款时间为准；以机关名义印发的，应以机关印发时间为准。

(3) 写作的客观性。会议纪要一般根据会议记录和其他会议文件如会议简报、领导讲话、会议材料综合、归纳、整理而成,是对会议全面情况的客观反映。

(4) 内容的指导性。会议纪要的内容主要是会议上决定的各种事项或达成的一致性认识。这些议决事项或一致性认识带有一定的权威性和约束力,是有关单位做好相关工作的基本依据。

二、会议纪要的种类

(1) 办公会议纪要:各级党政机关、企事业单位的领导机关以办公例会的形式形成的会议纪要。

(2) 工作会议纪要:对本单位或本部门的工作进行研究作出决定所形成的会议纪要。

(3) 讨论会议纪要:对某个议题进行讨论、作出决定所形成的会议纪要。

三、会议纪要的写作

会议纪要一般由标题、正文、结尾构成。

(一) 标题

会议纪要的标题即为会议纪要的标识,通常为会议名称加“纪要”,如“××纪委常委会会议纪要”。

(二) 正文

正文一般包括导语、主体和结尾。

1. 导语

导语概述会议基本情况。通常要说明会议的根据和目的、会议的名称、会议的地点、会议开始和结束时间、参加会议人员、会议的主持人、会议的主要议题、会议的主要议程、对会议总的估价等。

2. 主体

主体是正文的主要部分,也是会议纪要的主要内容。这部分要写出会议研究的问题,讨论的意见,作出的决定和对今后提出的任务、要求等。这一部分要经过很好的分析、概括,提炼加工整理,把会议的主要精神和成果反映出来。

3. 结尾

会议纪要一般应写结尾,有时也可以不写结尾,主体部分结束则自然结束。常见的结尾方式有号召希望、建议要求、表示决心、收获评价和概括补充。

【写作训练】

1. 请拟写一份学术研讨会纪要。

2. 假定你所在的班级拟组织一次秋游活动,并在班会上讨论活动方案,请拟写一份班会纪要。

第五章　机关事务文书写作

第一节　计　　划

【例文导入】

国务院2020年立法工作计划

2020年是决胜全面建成小康社会和“十三五”规划收官之年。国务院2020年立法工作的总体要求是：……加强党对立法工作的领导，坚持底线思维，完善立法体制机制，提高立法质量，加快立法步伐，为全面建成小康社会和“十三五”规划圆满收官奠定坚实法律基础，为开启全面建设社会主义现代化国家新征程提供有力法治保障。

一、围绕坚持和完善中国特色社会主义制度、推进国家治理体系和治理能力现代化，科学合理安排立法项目

中国特色社会主义制度是党和人民在长期实践探索中形成的科学制度体系，具有强大生命力和巨大优越性，是当代中国发展进步的根本保障。……要处理好改革与法治的辩证关系，以立法引领和保障改革，确保党中央关于全面深化改革的各项决策部署落到实处。为此，对国务院2020年立法项目作出如下安排：

——围绕坚持和完善社会主义基本经济制度，推动经济高质量发展，提请全国人大常委会审议印花税法草案，……

——围绕坚持和完善繁荣发展社会主义先进文化的制度，巩固全体人民团结奋斗的共同思想基础，提请全国人大常委会审议著作权法修订草案，……

——围绕坚持和完善统筹城乡的民生保障制度，满足人民日益增长的美好生活需要，提请全国人大常委会审议退役军人保障法草案、社会救助法草案、教育法修正草案，……

——围绕坚持和完善共建共治共享的社会治理制度，保持社会稳定、维护国家

安全，提请全国人大常委会审议治安管理处罚法修订草案、安全生产法修正草案，……

——围绕坚持和完善生态文明制度体系，促进人与自然和谐共生，制定地下水管理条例，修订土地管理法实施条例。

——围绕坚持和完善党对人民军队的绝对领导制度，确保人民军队忠实履行新时代使命任务，提请全国人大常委会审议兵役法修订草案。……

——围绕坚持和完善独立自主的和平外交政策，推动构建人类命运共同体，制定领事保护与协助条例，开展有关国际条约审核工作。

——围绕坚持和完善党和国家监督体系，强化对权力运行的制约和监督，提请全国人大常委会审议审计法修订草案。

——围绕坚持和完善中国特色社会主义行政体制，构建职责明确、依法行政的政府治理体系，提请全国人大常委会审议行政复议法修订草案，制定政府督查工作条例。

……

二、完善立法体制机制，加强和改进新时代行政立法工作

牢牢坚持党中央对立法工作的集中统一领导。……

建立健全立法风险防范机制。……

深入推进科学立法、民主立法、依法立法。……

切实做好法规规章备案审查工作。……

大力加强行政立法宣传工作。……

三、抓好立法工作计划的贯彻执行

国务院各部门要深刻认识做好立法工作对于坚持和完善中国特色社会主义制度、推进国家治理体系和治理能力现代化的重大意义，高度重视立法工作计划的贯彻执行。……

起草部门要重视法制工作机构建设，配齐配强工作人员，提高立法工作能力和水平。……

司法部要加强与起草部门的沟通，及时跟踪了解立法工作计划执行情况，加强组织协调和督促指导。……

附件：《国务院2020年立法工作计划》明确的立法项目及负责起草的单位

简评：这是一份值得参考借鉴的计划。该计划对2020年即将开展的立法工作预先作了详细的安排和设计，从结构上看，前言部分阐明了制订计划的目的和意义，主体部分分述了各项立法工作，并提出工作要求。全文条分缕析，语言表述清楚，令人一目了然。

一、计划的含义与特点

计划是为了实现某一管理目标、完成特定的任务、开展某项工作而预先作好安排和设计,并用书面形式表达的事务性文书。

计划的特点有:

(1) 预想性。计划是在预测的基础上,对未来的工作任务所作的构想。计划中提出的奋斗目标、完成任务的步骤依据现实的可行性而制订,计划的着眼点是对本地区、本部门、本人下一阶段的工作步骤进行规划和安排,是前进方向上的"路标",因而预想性的成分比较多。

(2) 可行性。计划是作为执行性文件被制订的。一个合理的计划是管理目标顺利进行的保障。计划所拟订的目标具有一定的高度和挑战性,能够激发计划实践者的热情,挖掘其巨大的潜能,使其争取顺利完成计划。但制订计划时必须重视预想的可行性,目标要可以实现,措施与办法要切实可行。一个可实现的目标要兼顾两个方面:一方面,要有一定的高度;另一方面,执行者经过努力要能够达到。

(3) 具体性。计划是组织落实完成任务的具体依据,一旦成文就要遵照执行。计划对实践具有指导作用,未来的工作将在它的规范下具体落实,检查工作也以此为据。因此,在制订计划时,要写明完成计划的具体办法、措施,完成任务的具体时间,这样才便于计划的实现和检查。

(4) 业务性。计划是业务性很强的文种,行业性质不同,制订计划的术语也不同,因此,制订者需熟悉业务,按其工作范围内所涉及的各项业务指标来制订计划。

二、计划的种类

计划是一个统称,因时限不等、详略有别、成熟程度不同而名称各异。属于计划这个范畴的,还有规划、工作安排、工作设想方案和工作预案等。"规划"是比较全面、长远的具有战略性意义的计划,一般来说,5 年以上的计划就是规划,如《成都市 2020—2030 年规划》。中期(2~5 年)和短期(1 年以下)的计划称计划。规划与计划的区别是:计划重在定任务、定措施,并在较短的时间为完成,具有规定性;而规划重在定规模、定方向,完成时间较长,范围较广,具有指导性。安排是适应时间短、内容比较具体的专项计划。设想是初步的、非正式的计划。方案是决策某项任务的过程中,从目的、要求、方式、方法到具体进度等方面提出来供讨论的计划。计划的类型较多,分类的方法也不相同,从实际工作应用上来看,大体有以下几种类型:

(1) 按内容分,有学习计划、生产计划、教学计划、销售计划、科研计划等。

(2) 按范围分,有国际协作计划、国家计划、省市计划、地区计划、单位计划、部门计划、个人计划等。

(3) 按性质分,有综合性计划、单项计划等。

(4) 按时间分,有长期计划(10～15 年及以上)、中期计划(2～5 年)短期计划(1 年及 1 年以下)。

(5) 按格式分,有条文式计划、表格式计划、综合式计划等。

(6) 按名称分,有规划、计划、方案、要点、安排、意见、设计、打算等。

计划的类型是从不同角度划分的,具体到某一份计划时,可能会有几个方面的属性,如某一企业的销售计划,可能既是单项计划,又是短期计划。

三、计划的写作

计划的内容虽然不同,但写法基本一致。一份完整的计划一般包括标题、前言、主体、制订者和日期四部分。

(一) 标题

制订计划的单位名称+计划适用期限+计划内容范围+文种名称,如“××学校××××年招生工作计划”。

(二) 前言

计划的前言一般用简洁的文字阐明制订计划的指导思想、制订计划的依据,说明“为什么做”“能不能做”的问题。这一段是计划的纲领,不宜写得冗长,不能过多地论述制订计划的意义,应点到为止。

(三) 主体

主体是计划的主干部分。如果说前言是说明“为什么”要制定计划,那么主体部分就是回答“做什么”“怎么做”“何时完成”。这是计划的核心。这一部分可以写以下内容:

1. 目标和任务

目标是计划的灵魂,任何计划都要写明计划期内要完成的任务、目标,如果工作任务较多,由若干个子目标组成的,要把子目标内容的质的规定和量的要求写清楚,尤其是经济计划,无论是总指标还是分指标都要作定量定性的表述。

2. 措施和方法

措施和方法是完成任务的具体保证,计划制订出来便要执行,只有把具体的实施措施和完成任务的手段、方法构想出来,才便于执行。这一部分的主要内容是组织领导,任务的分工,完成任务的物质条件、政策保障,采取的措施等。每项内容都要具体落实。

3. 步骤和安排

计划的实施有一个完成的先后顺序问题,因此,制订计划时要把计划完成的日程安排出来,这样才能使计划有条不紊地执行。步骤和时间安排要科学化,过紧过松都不利于计划的完成。有的计划步骤和安排不单独写,而是糅在措施和方法中。

(四) 制订者与日期

写明计划制订者的名称和日期。如系上报或下达的计划,还应加盖公章。

【写作训练】

1. 请拟写五个不同的计划标题。

2. 请为自己毕业目标写一份学习或实习计划。

3. 根据以下信息制订一份销售计划。

某空调销售公司业绩平平,前期做了市场调查,发现销售空间其实是很大的,尤其是城市建设和人民生活水平的不断提高,以及产品更新换代时期的到来,必将带动市场需求的持续增长幅度,从而带动整体市场容量的扩张。

第二节 总 结

【例文导入】

××县林业局××××年上半年林业生态建设工作总结

半年来,我局紧紧围绕县委、县政府提出的"生态立县"可持续发展战略,以完善森林生态体系建设为目标,创新思路,强化措施,深化改革,努力开创林业生态建设新局面。

一、以社会造林为主体,落实工程建设招投标、工程监理、质量责任追究等新机制,全面落实造林主体,大力推进防护林、退耕还林等重点林业工程建设,带动全民义务植树活动深入开展。全县完成工程造林0.25万亩,全民义务植树70万株。

二、以生态保护为主题,大力实施封山育林。严格补偿资金管理,健全管护机制,56.74万亩国家重点生态公益林健康稳定发展;全面启动实施了天然阔叶林保护工程,从今年起10年内全面禁伐天然阔叶林。

三、以集体林业为重点,按照明确产权、减轻税费、规范流转、放活经营的"十六字"方针,全面启动了林业产权制度改革,加快建立归属清晰、权责明确、保护严格、流转顺畅的现代林业产权制度。

四、进一步深化国有林场改革。一方面,推行了国有木材销售单位定价体制,对全县国有林场的木材销售全面施行定价竞标制;另一方面,改革国有林场的财务管理体制,实行收支两条线,以收定支,均衡发展。

五、推进绿色产业建设。积极引进、扶持外资企业,鼓励县内外民营企业、个体私营企业投资商品林业建设。

六、进一步加强林地管理工作，严厉查处各种破坏林地资源的违法犯罪行为，保护有限的林地资源。

××县林业局

××××年××月××日

简评：总体来说，这份总结表述较清晰。因为仅涉及半年的工作，时间短，内容具体，指向明确，故可将半年来的工作基本情况、主要成就和经验融汇在一起进行写作。

一、总结的含义与特点

总结是人们对某一个阶段或某方面的工作，进行回顾、检查、分析和研究，从中得出经验、教训，总结规律性的认识，并用来指导今后工作的一种实用文体。

总结的特点有：

（1）回顾性。总结最大的特点就是回顾性，与计划正相反。计划是预测未来，对未来要开展的工作进行筹谋、策划，进行安排。总结是对前一阶段的工作进行回顾，掌握事物的发展规律，目的是指导即将开展的工作。因此，计划是总结的标准和依据，总结是下一步计划的借鉴和参考。

（2）理论性。总结的理论性在于，它对工作的成功与失败，要提到理论的高度加以认识，不要就事论事，而要就事论理，使人们的认识由感性认识升华为理性认识。

（3）客观性。总结不能任意夸大、缩小，随意杜撰和歪曲事实，要以客观事实为依据，真实、客观地分析情况、解决问题、总结经验。

二、总结的种类

（1）按实践性质来分类，有工作总结、科研总结、教学总结、学习总结、生产总结、思想总结等。

（2）按总结的范围来分，有地区总结、部门总结、单位总结、科室总结、班组总结、个人总结等。

（3）按总结的时间跨度来分类，有月份总结、学期总结、季度总结、年终总结、阶段总结等。

（4）根据总结的性质和写法来分，有综合总结和专题总结等。

总结例文

三、总结的写作

总结一般由标题、正文、结尾构成。

（一）标题

总结的标题分为单标题和双标题。

1. 单标题

（1）公文式标题：单位名称+时限+总结内容+总结，如“××厂××××年工作总结”。

（2）文章式标题：直接标明总结的基本观点，常用于专题总结，如“党风廉政建设工作总结”。

2. 双标题

正标题点名文章的主旨或重心，副标题具体说明文章的内容和文种。如“构建个体户进入市场的新机制——××市发展个体经济的实践总结”。

（二）正文

1. 开头

正文的开头要简要地介绍该总结内容的基本情况，包括生产、工作、科研、学习等的时间、地点、具体任务、进程、完成任务情况等。这一部分的文字要求简明扼要。

2. 主体

（1）成绩和经验。这部分是总结的重点和核心，也是总结的目的所在，常常概括为几点或几个方面来写。成绩要写得具体，有典型事例，还要有令人信服的统计数字，主体部分要对成绩和经验进行认真的分析研究，找出成功的主客观原因，将感性认识上升为理性认识，从中找出规律性的东西。这一部分要注意内容的归类和层次的安排。

（2）存在的问题与教训。在总结成绩、经验的基础上，找出尚存的不足或尚待解决的问题。对工作中的主要教训，要认真地进行分析，找出原因，以期达到明确差距、改进工作的目的。这部分文字不必太长，明确即可。

（三）结尾

通过总结成绩和问题、经验和教训，明确任务和方向，提出今后的工作目标和打算。这样就能增强信心，鼓舞斗志，在未来的生产、工作、学习等中取得进步。这部分实际上是总结的收尾，文字宜概括简要。

以上主要适用于综合总结。

如果是专题总结，则不必面面俱到，或侧重于成绩和经验，或侧重于工作进程和体会，或侧重于卓有成效的工作方法与特点，或侧重于问题或教训等，应视总结的具体内容和写作意图而定。

【写作训练】

1. 请分别拟出五个总结的公文式标题和新闻式标题。

2. 拟写一份班级工作总结。

3. 分析下面总结的结构，并指出其不足之处。

××镇人民政府××××年工作总结

××××年，××镇人民政府在“三个代表”重要思想的指导下，积极贯彻建设社会主义新农村精神，努力深化农村改革，一年来取得显著成绩，开创了××镇工作的新局面。

一、过程和做法

一年来，主要抓了以下几项工作：

（一）开展社会主义教育，增强社会主义信念，……

（二）发展镇、村工副业，壮大集体经济，……

（三）增加科技投入，发展农业生产，……

二、成绩和经验

一年来，我们在工作中深切体会到：

（一）必须强化“三农”意识。……

（二）必须执行科技兴农的方针。……

（三）必须完善农业社会化服务体系。……

三、问题和教训

一年来，××镇的工作虽然取得了一些成绩，积累了一些经验，但还存在一些不容忽视的问题。主要有：

（一）各村间生产发展不平衡。……

（二）在产业结构上，二、三产业虽有较大发展，但在××镇经济中占比较小，还有发展潜力。

（三）在农业生产中，有些村还缺少产品生产意识，重产量，轻效益；重生产，轻流通；重粮食作物，轻多种经营。

在新的一年中，××镇人民政府将贯彻建设新农村精神，进一步调整产业结构，深化农村改革，完善农村社会化服务体系，不断发展和壮大集体经济。

××××年××月××日

4. 分析下面总结，并指出该总结是如何提炼工作经验的。

××百货公司××××年经济工作回顾

××××年，我公司遇到了因各地日用百货生产的发展，市场供应增加，产地之间竞销激烈，部分商品价格调低，运输不畅，商品待运期延长等困难。广大职工通过对情况的分析，明确了问题，在按需组织收购、扩大商品销售、改善经营管理等方面做了大量工作，超额完成了各项经济指标。其中：收购实绩××万元，比去年增长7.27%；销售实绩××万元，比去年增长4.98%；利润实绩××万元，比去年增长15.29%；费用水平0.78%，比去年下降0.02%。

回顾一年来，我们主要做了以下四个方面工作：

一、密切协作，按需收购，促进适销对路

在过去一年中，我们积极引导和促进工业部门按需增产，为扩大销售提供物质基础。

（一）加强市场预测，确定商品经营方向

去年，我公司在计划业务科设立商情组，各科也分别设置了一名专职或兼职商情员，初步形成了商情工作系统。建立了商情交流网，选择系统内有代表性的单位40个，相互交流资料。一年收到书面资料六百余份，也发送了“百货商情”八期。同时建立了钟表、电视机、日用五金、搪瓷热水瓶铝制品等四个专业商品商情联络网，开展活动，交流市场变化情况。对各种商情信息的及时综合分析，为确定和修改商品收购方向提供了有力依据。去年全公司确定了四条商品经营原则，在适销对路的前提下使采购商品突破×万元大关，创造了历史最高水平。

（二）适应市场需要，促进适销产品增产

我们积极促进和配合工业部门，按照市场需要，调整品种结构，增产畅销品种，压缩多余产品。……

（三）坚持商业检验，提高商品质量

坚持商业检验，防止不合格商品流入市场，是商业部门维护消费者利益、促进适销对路、增强商品在市场上竞销优势的一项重要工作。全公司各有关部门在去年狠抓了这方面工作。……

二、改进服务，提高信誉，扩大商品销路

努力扩大销售，以销促购，以购促产，满足人民需要，既是我们商业企业的光荣职责，又是提高经济效益的根本途径。去年我们从改进服务、提高信誉入手，在扩大销售上做了以下工作。……

三、加强核算，改善管理，提高经济效益

为了适应市场形势变化和购销业务发展，使企业管理水平有一个新的提高，一年来，全公司职工在加强经济核算、改善企业管理、提高经济效益等方面也做了不少工作，取得一定成果。……

四、开展竞赛，组织培训，调动职工积极性

……

总的说来，我公司职工经过一年的辛勤努力，在按需组织收购、扩大商品销售、改善经营管理等方面做了大量工作，取得了一定成效。但应该看到，由于我们对当前形势下出现的各种新问题分析研究不够，抓得也不够扎实，因而工作中存在不少应改进的地方。如进货管理要进一步健全，市场预测需大力加强，服务质量应继续提高，管理制度要更好改进、完善等。这都要求全体干部、职工在新的一年里继续努力工作，为社会作出新贡献。

××百货公司

××××年××月××日

第三节　调 查 报 告

【例文导入】

关于韩国、日本义务教育学校标准化建设情况的调研报告

根据延东同志指示要求，经部领导批准，2014 年 12 月 10 日至 17 日，教育部、财政部相关司局负责同志，以及清华大学建筑设计院专家组成调研组，对韩国、日本义务教育学校标准化建设情况进行了专项调研。在韩期间，访问了韩国教育部，与忠清北道教育厅、庆尚北道教育厅教育监（厅长）进行了会谈，实地考察了清州松田小学、西贤中学、龟尾篷谷初中、玉溪东部初中等 4 所义务教育学校标准化建设情况。在日期间，访问了日本文部科学省，与群马县前桥市教委、东京都小金井市教委、千叶县千叶市教委进行了座谈，实地考察了前桥市立みずき（MIZUKI）中学，小金井市立第一小学、第二中学，千叶县千叶市立花园中学、美浜打濑小学等 5 所学校标准化建设情况。现将调研情况报告如下：

一、韩国义务教育基本情况及推进学校标准化建设的主要做法

（一）基本情况

韩国实行 9 年制义务教育，小学 6 年，初中 3 年。全国义务教育阶段学校共有 8 429 所，在校学生 604.97 万人，教师 25.91 万人。其中：小学 5 541 所，在校学生 411.62 万人，教师 15.74 万人；初中 2 888 所，在校学生 193.32 万人，教师 10.17 万人。

（图表略）

（二）主要做法

1. 坚持立法先行。……

2. 推动师资平准。……

3. 改革入学制度。……

4. 实行校舍建设标准化。……

5. 实行设备配备标准化。……

6. 制定扶持弱势地区政策。……

二、日本义务教育基本情况及推进学校标准化建设的主要做法

（一）基本情况

日本也实行 9 年制义务教育，小学 6 年，初中 3 年。全国义务教育阶段学校共有 3.1 万所，在校学生 1 020 万人，教师 67.1 万人。其中：小学 2.1 万所，在校学生 667 万人，教师 41.7 万人；初中 1 万所，在校学生 353 万人，教师 25.4 万人。

（图表略）

（二）主要做法

1. 制定最低办学标准。……

2. 建立合理的经费分担机制。……

3. 拨付充足维修养护经费。……

4. 对困难地区给予更大的支持。……

5. 建立校长教师定期流动制度。……

6. 大力推进信息化建设。……

7. 实行营养午餐制度。……

三、两国的主要经验

通过总结韩、日两国在义务教育标准化建设方面的措施和做法，我们认为共同的经验有如下六条：

（一）制定最低办学标准，严格控制学校办学规模。……

（二）清晰划分事权财权，建设规划严格审批。……

（三）严格教师准入制度，建立校长教师定期流动机制。……

（四）学校布局科学合理，功能教室设置科学合理。……

（五）教学设备实用够用，行政办公条件因陋就简。……

（六）课程设置丰富多彩，注重培养学生生活能力和动手能力。……

四、有关建议

对比韩国、日本和法国等一些国家义务教育标准化建设的经验，结合我们国家正在实施的全面改善贫困地区义务教育薄弱学校基本办学条件工作，我们提出如下建议：

（一）明确基本办学标准。……

（二）严格控制办学规模。……

（三）完善教师校长流动制度。……

（四）进一步强化立法工作。……

此外，根据韩国和日本义务教育标准化学校建设经验，建议进一步加大义务教育学生品德和体育教育力度。……

附件：1. 韩国和日本相关法律中关于学校标准化的规定摘编

2. 韩国义务教育学校相关设施建设标准

3. 日本中小学设置基准

4. 韩国和日本标准化学校掠影

数据来源：韩国教育统计年鉴

简评：该调查报告选取了韩国、日本义务教育学校标准化建设情况作为调查研究的对象，分四个部分，先分述韩日两国基本情况，再总结经验，最后提出建议。全文有分析，有阐释，有数据支撑，说服力较强。

一、调查报告的含义与特点

调查报告是报告调查研究结果的文章，是作者有目的地对社会生活的某一事件、某一人物、某一现象、某一问题作深入细致的调查研究，然后用科学的方法进行分析而写成的书面报告。

调查报告的特点有：

（1）求实性。调查报告要实事求是，这是调查报告首要的特点。客观事实是调查报告的基础。

（2）针对性。调查报告从展开调查到写作，总是针对当时当地的实际情况和需要而进行的。可以说，针对性是调查报告的灵魂，针对性越强，调查报告的价值就越大。

（3）叙述性。调查报告的主要表达方式是叙述。叙事是它的主要内容，但它又是在明确的观点支配下叙述事实材料的，即在叙述事实、说明情况中又有恰当的分析议论，叙议结合。

二、调查报告的种类

调查报告依据不同的标准，有不同的分类方法。

按反映的内容分，可分为经验调查报告、情况调查报告、查明问题的调查报告等。

按功能分，可分为指导型调查报告、定性型调查报告、咨议型调查报告等。

调查报告按内容来分类很难涵盖所有，而按功能来分类，交叉性相对较小。

三、调查报告的写作

调查报告的写法多种多样，但它的基本格式大体相同，一般由标题和正文、署名三部分组成。

（一）标题

1. 公文式标题

公文式标题往往重在表现调查报告的主题，一般都使用“调查对象或主要事由+文种”的模式，如“关于大学生心理健康问题的调查报告”。

2. 新闻式标题

这类标题十分灵活，有的采用单行标题，如“药品价格为何居高不下”；有的采用双标题，如“靠高质量低成本开拓市场——春兰集团公司调查”。

（二）正文

调查报告的正文一般分为三个部分：开头、主体、结尾。

1. 开头

调查报告的开头部分，也叫前言、导语、引言。开头的写法多种多样，有的对全文做简要说明；有的交代调查的一些要素如目的、时间、地点、对象、经过、范围等；有的概括被调查对象所取得的成绩、经验、突出主旨；有的提出一个大家所关心的问题，吸引人们的视线等。但开头都要求开门见山，简明扼要，提纲挈领，紧扣主题，给人一个总的印象。

2. **主体**

主体详细叙述调查报告研究的具体情况、做法和经验，是调查报告的关键部分。为了层次清楚，通常可以用小标题分成几个层次来写，要做到观点和材料的统一，要选用最典型的材料说明观点，要恰当地运用事实说明观点，善于运用不同的材料，从对比中说明问题，阐述观点。

3. **结尾**

结尾的写法也是相当灵活的，可以总结全文主要观点，深化主题；或者提出问题，发人深思；或者展望前景，给人以希望；或者对解决问题的措施和办法提出建议供参考；也可以是自然而然，正文讲完，随文章结束而结束。

（三）署名

如果是单位署名，可将单位名称放在标题中或下一行中间的位置；如果是个人署名，可署在文尾右下方；如若要在报刊上发表，就应该放在标题下面。需要注明日期时，一般署在正文末尾的右下方。

【写作训练】

1. 分别拟出3个公文式调查标题和新闻式调查标题。

2. 分析下面调查报告的内容和结构特色，并指出问题。

适应市场求发展、与时俱进写新篇
——××物业管理学校办学情况调查

××××年秋季，××物业管理学校招生异常火爆，入学人数很快达到×××名，已超过学校容量的极限，只好停招，使得众多学生和家长望校兴叹，为迟到一步懊悔不已。在中等专业学校办学普遍不够景气的情况下，这所学校却异军突起，这究竟是什么原因呢？

××物业管理学校是目前国内第一所以物业管理为主干专业的中等职业学校，其前身为××市第三中等专业学校。多年以来，该校一直以工科专业（建筑、采暖、电气安装）为主。进入20世纪90年代后，犹豫中等职业教育体制的调整，取消统招统分，实行注册入学制度，毕业生一律进入市场，自主择业。这样，中等专业学校曾赖以生存并一度辉煌的计划经济体制“优势”丧失殆尽，除少数专业设置尚属市场继续的学校外，相当部分的中等专业学校规模急剧萎缩。××市第三中等专业学校也同样陷入了办学的低谷，一时间学校及教职工的生存、出路都成了摆在眼前的现实问题。

××市政府以及教育主管部门从市场经济发展对中等职业教育的要求出发,及时给了学校以宽松的政策,准许他们根据市场需求自主、灵活地调整专业设置。政策有了,要生存,要发展,不能再去找“市长”,而必须去找“市场”。学校领导班子通过深入的市场调研,决定将物业管理作为学校的主干专业,校名也改为“物业管理学校”。为了抢占市场,扩大知名度,从而为今后的发展蓄势,学校将校内有关专业向物业管理方面靠拢,利用改名后的两年时间,培养出第一批物业管理中专毕业生,并及时推向市场。××××年×月份,学校在省城内一家著名宾馆召开了颇有声势的毕业生就业洽谈会,省市各新闻单位对此密切关注,并纷纷在头版头条予以报道,众多用人单位到会联系接收毕业生事宜,学校提供的×××名毕业生竟被一抢而空。甚至出现七八家单位争要一名学生的情况。

“酒香也怕巷子深”,为进一步扩大知名度,让“物业管理”这块牌子在市场上叫得响,学校抓住××××年暑期本市举办“国际教育展”的大好时机,特设展位,强力推荐,彻底摆脱了“养在深闺人未识”的局面,使广大应、往届初中毕业生和家长们进一步了解了“物业管理学校”及其虎虎有生气的“物业管理专业”。

及时的调整、转向,使物业管理学校开始走出低谷,前景看好。面对这“柳暗花明又一村”的喜人局面,学校领导班子头脑十分清醒。他们知道,在市场经济条件下,中等职业教育的办学形势,犹如逆水行舟,不进则退。他们坚持进行市场调查,以准确把握物业管理这一服务性行业随科技发展而产生的变化,确立了“办学社会化、管理企业化、教学专业化、人才培养市场化”的宗旨,在专业设置上提出了“选择空白,找准定位,超前育人”的基本办学思路,以面对市场需求:

1. 选择人才空白点。考虑高新技术的应用,开办将会出现人才短缺的专业。如学校开设了“楼宇监控与宽带网”专业,因光纤布线、宽带入户在我国发达省市较为普遍,而本市的普及率尚不足×%,社会必将需要这方面的人才。

2. 找准专业定位,培养技术应用型人才。如当前计算机已作为一种工具被人们所掌握,学校避开“程序设计”“信息安全”等多由高等院校设置的理论较深的专业,开办了“网络规划与管理”专业,重点培养技能性较强而其社会需求量较大的计算机网络规划与管理方面的中级技术人员。

3. 超前培育人才。由于社区、楼宇智能化是建筑业发展的必然趋势,决定了物业管理也将向智能化方面发展,所以学校在专业设置上也适度超前,将原有的物业管理专业拓展为物业管理与智能控制专业。

另外,学校又提出了“四满足”,以满足家长和学生的需求:

1. 满足学生的升学需求。在保证完成专业课程教学的同时,学校抽调师资开办对口升学班,为学生毕业后能升入大学本科或专科学习创造条件。

2. 满足学生的就业需求。学校实行“多证制”教学,进行扎实的职业技能训练,使学生不仅能得到毕业证书,还能得到多个技能等级证书和职业资格证书,从而在劳动力市场上有较多的就业选择和较强的职业竞争优势。学校先后与××多家物业管理公司和房地产公司建立了联系，并与其中×××多家单位联合办学，形成了较稳定的就业基地。

3. 满足学生创新创业的需求。学校力求使学生至少学得一种足以自立门户的技能和自主经营的本领，力求保证学生毕业后可到企事业单位谋职，还可自主创业。

4. 满足贫困学生的求学需求。学校作为国家正规的办学单位，本着服务于大众、奉献于社会的原则，实行低收费，保证高质量，并设立奖学金，定期向贫困生发放助学金，并在校内为这些学生设立勤工助学岗位。

3. 根据下面的要求，自拟题目，写一篇调查报告。调查本校学生社团情况，调查的内容包括社团种类和数目、学生参加社团的总体情况（参加社团动机，哪些社团较受学生欢迎、参与人数较多）、社团活动的形式等，从而找出社团存在和发展的基础和更好发展的策略。

第四节　简　报

【例文导入】

同时间赛跑　与疫魔较量　全力驰援湖北抗击新冠肺炎疫情
——“教育系统坚决打赢疫情防控阻击战”系列之二

全国教育系统认真落实中央应对疫情工作领导小组决策部署，发挥优势，闻令而动，以多种形式驰援湖北省和武汉市，坚决打赢疫情防控的人民战争、总体战、阻击战。据不完全统计，全国138所高校371家附属医院1.4万名医护人员英勇逆行、驰援湖北省和武汉市，成为抗击疫情的重要生力军。其中，25所中央部门所属高校组织74家附属医院的5 569名医护人员支援武汉，113所地方高校组织297家附属医院的8 406名医护人员支援湖北。

发挥优势，选派医护力量驰援一线。高校附属医院作为医疗、教学、科研的排头兵，组织医疗队全力投入抗疫主战场，置身疫情防控、临床诊治、科学研究第一线。武汉大学、华中科技大学组织附属医院全力以赴投入疫情防控，广大医务人员夜以继日忘我工作，全力救治病患。北京大学先后派出四批总计427名医护人员驰援武汉。清华大学组织11位来自北京清华长庚医院的医护人员于除夕夜驰援武汉，不惧危险，冲锋在前。北京中医药大学、复旦大学、上海交通大学、同济大学、四川大学、中山大学、中南大学、南华大学等高校积极响应国家号召，第一时间集结医疗队奔赴武汉市和湖北省其他地市。吉林大学、东南大学、浙江大学、山东大学、厦门大学、南开大学、西安交通大学先后派出多批次医疗队，支援湖北防控疫情。福建高校党员医务工作者主动请缨出战，福建医科大学、福建中医药大学附属医院62名医务人员驰援湖北疫情防控一线。安徽从中国科学技术大学、安徽医科大学、安徽中医药大学、蚌埠医学院、皖南医学院5所高校选派52名优秀医护人员组成首批医疗队支援湖北。广西先后组织广西医科大学、广西中医药大学、广西科技大学、桂林医学院、右江民族医学院等5所高校派出附属医院229名医护人员驰援武汉。

广泛动员，筹措抗疫物资保障急需。各地各校积极发动师生员工、校友和社会各界力量，筹措物资资金支援湖北。清华大学发动校企校友力量，动员清华紫光等企业向火神山、雷神山医院捐赠网络及安全设备。复旦大学划拨250万元专项党费，加强对援鄂医疗队的关心和支持，支持一线抗疫工作。中央财经大学联络北京校友，共同发起“财济荆楚·风雨同心”慈善捐助项目，动员多方资源募集捐款106万元，采购2万套医用防护服等物资，支援湖北省处于抗疫一线的7家医院。中国药科大学发动各地校友克服困难，多方联系物资，严把货品质量，打通运输通道，积极组织为湖北疫区基层医院捐赠医疗防护用品。西南交通大学利用海内外校友等资源，从境外采购相关医疗物资，捐赠给武汉，凝聚抗击疫情合力。中南财经政法大学广大校友踊跃捐赠，支援湖北省和武汉市的防疫工作，分别向湖北省和武汉市慈善总会捐款30万元。大连民族大学研究成果转化的木醋液抑菌消毒产品经过检测被选定为防疫消毒物资，先期生产的12吨产品全部无偿援赠湖北。

多措并举，创新支持方式坚定信心。教育部推出招生计划倾斜、支持加强医学院校建设、全国高校与湖北高校“一帮一”行动、提供数字教育资源等系列支持性措施，努力减缓疫情对湖北教育的影响。各地各校多措并举，采取结对帮扶、对口支援等形式，携手湖北高校共同抗疫。四川与湖北高校学生通过“云端”共唱抗疫公益歌曲，以青春正能量致敬抗疫精神，携手“战”疫，为爱加油。清华大学与华中科技大学在线开展“同上一堂党课”活动，两校2.5万余名学生党员在线共同参加党课，进一步学习领会习近平总书记关于疫情防控工作重要讲话精神，坚决做好疫情防控工作，以饱满的热情和坚定的信心，投入到学习科研工作中。华东师范大学通过与湖北文理学院搭建多层次立体化云平台，共同开展云招聘、云指导、云咨询，积极推进对湖北文理学院毕业生就业创业的帮扶工作。北京科技大学按照湖北籍学生需求配置了个性化“爱心大礼包”，为本科生提供了412本急需教材。中央美术学院发起“央美青年@艺术战‘疫’行动”，征集疫情防控主题作品，为湖北祝福、为武汉加油。中央戏剧学院舞剧系2017级学生共同创作《武汉加油，中国加油》视频，以舞蹈的形式传递对战胜疫情的信心。

简析：该案例是一篇反映教育系统抗疫情况的综述性简报，分三个方面，用简洁、明快的语言概述了全国教育系统认真落实中央应对疫情工作领导小组决策部署，以多种形式驰援湖北省和武汉市，坚决打赢疫情防控的阻击战的总体情况，层次分明且有数据支撑，值得学习借鉴。

一、简报的含义与特点

简报，就是用书面语言写成的简要情况报道。它是各级党政机关、人民团体、企事业单位用来反映情况、传递信息、交流经验、推动工作的一种内部的非正式公文。由于它以内部报纸或期刊的形式出现，又总是套红印刷，所以，简报常被人称为“红头小报”。

简报兼具新闻和公文两种特征：

（1）简。“简”是简报的固有特性。要迅速及时地将最新信息传递出去，如果篇幅冗长，写起来快不了，领导和有关人员读起来也快不了，结果必将因拖延时间而降低甚至失去其价值。

（2）实。“实”就是要实事求是、真实可靠，事例、数据不能有任何虚假和差错。“实”是简报必须遵循的基本准则，这就要求简报对情况客观、全面、准确地加以反映，既反映成绩、优点和经验，也反映问题、缺点和教训；既反映正面的意见，又反映反面的意见；既报喜，又报忧；一切从实际出发，以真实为本。

（3）新。简报是具有新闻和公文特征的两栖文体，这一点最鲜明地体现在“新”和“快”上。“新”是简报的价值所在。办简报的目的就是迅速及时地把各种新信息汇集输送或反馈给上级机关及领导和有关人员，包括新形势下出现的新情况、思想上的新动态、工作上的新经验、做法上的新章法、富有启发的新见解，以及新事物的萌芽或错误倾向的苗头等。

（4）快。“快”，这是对简报时间性、时效性的要求。简报是机关文书的“快报”和“轻骑兵”，它和报纸上的消息一样，必须具有明确的时限观念。要抢时间，争速度，尽可能做到“快”。反映思想动态要快，报告工作情况要快，传达领导的指示要快，编发的速度要快。

二、简报的种类

简报的使用范围广泛，种类繁多，按照不同的标准，可有各种不同的分类。按内容分，有生产简报、工作简报、科研简报、会议简报、信访简报等。按时间分，有定期简报和非定期简报；按保密程度分，有只供领导或内部人员阅读的“内参件”、机关或内部人员阅读的内部简报和可以公开的简报等；按走向分，有上行简报、下行简报、平行简报。

从简报的性质和写作特点两方面综合考虑，可将其分成以下四类：

（一）动态简报

动态简报是为传递机关内部或本地区、本部门、本系统思想、政治、经济、文化、科技等方面的动态信息而编发的一种简报。其主要内容是：广大干部群众对党和国家的重大方针、政策，或国内外发生的重大事件的反应、认识、态度和倾向，当前值得注意的苗头；正在进行的某项工作、工程或某项重要活动，包括进展的情况、成效的估计、矛盾的暴露、发展的趋势、各方面的反映等。它使领导机关能够及时掌握干部、群众的思想动态和各方面工作的现状及发展趋势，可作决策时的重要参考。

（二）工作简报

工作简报也称综合简报、情况简报，主要是综合反映本单位、本部门、本系统一段时间内的工作情况和问题的一种内部文书。这是最常见的一种简报，一般是定期编发的长期性简报。

（三）专题简报

专题简报是在一段时间内报道某项专门工作的动态、进展、过程、经验、问题等而编发的简报，如体制改革、防汛防灾、反腐倡廉、打击走私、查禁假冒伪劣商品等。这类简报内容单一，问题集中，配合中心工作，指导性很强。

（四）会议简报

会议简报是为较大型、重要的会议而编发的简报，主要是报道会议的进程，基本精神，中心议题，领导人的重要讲话，与会人员的建议，会议的决定、决议，以及小组讨论情况等。

三、简报的写作

简报的种类虽多，但基本格式一致。它犹如一张小报，由报头、报核、报尾三部分组成。

（一）报头

报头在首页的上方，占 1/3 或 1/4 的位置。中间以大字套红标明简报的名称，如“××动态”“××简报”“情况反映”等。

名称下面是期数，一般按顺序编排。

如果是加密文件，简报名称的左上方，应标上密级，如“机密”“秘密”“内部刊物，注意保存”等；如系普通的简报，则没有必要标明密级。

简报名称的右上方，是简报的编号，以便登记保存。

简报名称的左下侧是编发单位的全称。在系统内部分发的，可用单位办公室的名称。如系会议简报，则用“××会议秘书处”。简报名称的右下侧，是印发日期。一些简报由单篇文章转化为期刊的形式。

（二）报核

报核是简报的中心，是简报本体实质内容之所在。它可以只刊登一篇文章，也可以刊登同类型、性质的一组文章。就简报中的一篇文章来说，通常包括标题、正文和供稿者；如果是转发材料，一般还要加上“编者按”。

1. 标题

简报的标题要求直言其事、明显其意，以简明、准确的语言概括出文章的中心内容，标题醒目，激发读者阅读全文的兴趣。

2. 正文

简报的正文由导语、主体、结尾三部分组成。

导语是正文的起始部分，要求开门见山，用简练、生动的文句，准确地概述文章的主旨，反映基本事实，一般应把时间、地点、人物、事件、原因、结果等因素一一交代清楚，给读者留下一个总的印象。主体是正文的重点所在。写作主体时，一定要紧扣主题，承接导语逐层展开，深入阐述，力图使观点和材料有机结合。结尾是正文的收束，要求简短有力，给读者留下深刻的印象。

3. 供稿者

供稿者在正文下一行的右方，用括号注明。如果供稿者同时又是简报编发者，也可不予注明。

编者按是编者针对编印转发的材料而言的，或说明转发原因，或交代转发意图，或强调其重要意义和参考价值，或提示其要点，或转达领导指示，或对今后工作提出要求等。

（三）报尾

报尾部分在正文结束之后，在简报最后一页的下方，一般用一条或两条通栏平行线隔开，注明报送范围和印发份数。

【写作训练】

1. 请拟写四个不同类型的简报标题。

2. 分析下面简报的写作特色。

××县第十二届人民代表大会第四次会议简报

（第一期）

代表相聚　同绘宏伟蓝图

民主决策　再创辉煌业绩

改革春风催开百花争妍，开放巨潮激荡千帆竞发。1 月 16 日下午，来自全县各条战线的 297 名县人民代表，带着过去一年丰收的喜悦，齐聚在庄严的人民礼堂，拉开了××县第十二届人民代表大会第四次会议的帷幕。

大会执行主席何××主持了大会开幕式。列席这次会议的有县级领导、县属各部委室局的负责同志、市指导组的同志、驻县省八届人大代表、部分县级离退休干部。出席县政协四次会议的全体同志列席了会议。

会上,代表们认真听取了代县长刘×作的《政府工作报告(草案)》、县计委主任蔡××作的《××县某年国民经济和社会发展计划执行情况及某年计划(草案)的报告》(简称《××计划》)、县财政局局长王××作的《××县某年财政预算执行情况和某年财政预算(草案)的报告》(简称《××财政》)。代县长刘×在《政府工作报告》中总结回顾了过去一年的政府工作,提出了今年政府工作的目标和必须抓好的六个方面工作。他说:过去的一年,在市委、县委的领导下,在县人大、政协的监督、支持下,××县认真贯彻执行党的路线、方针、政策,按照县人民代表大会及其常委会的各项决议、决定,组织和带领全县百万人民,坚持党的基本路线,进一步解放思想、抓住机遇,加大改革开放力度,加快经济建设步伐,较好地完成了县第十二届人大三次会议审议通过的各项政府工作任务,经济建设和社会事业进入了持续、快速、健康发展的新阶段。对今年政府工作的目标任务,他提出了国民经济和社会发展的几个主要指标:实现国民生产总值55.10亿元,比上年增长13%;农业总产值7.59亿元,增长4%以上;工业总产值16.43亿元,增长27%;乡镇企业总产值33亿元,增长50%以上;财政收入6 300万元,同口径增长10%。为实现上述目标,刘县长提出了今年政府工作必须认真抓好六个方面的工作:(一)以稳粮增收为重点,推动农村经济全面发展;(二)以提高效益为中心,保持城市经济适度增长;(三)以市场经济为导向,加快我县改革开放步伐;(四)以增大投入为保证,大力加强重点项目建设;(五)以科教兴县为龙头,促进各项事业协调发展;(六)以维护稳定为前提,加强民主法制建设和廉政建设。

《××计划》《××财政》两个报告,分别就某年国民经济和社会发展计划执行情况、财政预算执行情况向代表们作了汇报,并提出了新一年的目标和实现目标的主要措施。

会议是在热烈、祥和的气氛下进行的。代表们精神饱满,认真听取报告,表现了高度的使命感和责任感。

3. 动手制作一张简报,从内容到形式均自行设计。

第六章　常用商务文书写作

第一节　策　划　书

【例文导入】

2021 年××省××营销策划大赛策划方案

一、竞赛时间

校级选拔赛：2021 年 5 月—7 月

省级决赛：2021 年 10 月 9 日—10 月 11 日

二、竞赛地点：××大学

三、主办单位：××省教育厅

四、承办单位：××大学

五、联合单位（略）

六、竞赛组织机构

（一）竞赛组委会

主任委员：××

副主任委员：××

委员：各参赛学校领导（副校长或副院长）

（二）竞赛执委会

主任委员：××

委员：××　××　××

竞赛执委会办公室

主任：××

副主任：××

七、竞赛内容

（1）比赛以 1—3 个企业品牌为对象，以××××年特定的市场环境为基础进行营销策划；

（2）各高校队伍组建，每队 3—5 人，每校选拔不超过 2 支队伍参加全省决赛；

（3）各队伍参观相应的企业，与企业人士座谈；

（4）各队伍撰写品牌营销策划书；

（5）决赛队伍参加方案展示、答辩；

（6）专家（含企业专家）评奖；

（7）优秀策划案供企业参考。

八、参赛对象及名额分配

（1）参赛对象：××省全日制普通高等学校本科层次和高职院校在校学生。

（2）各高校参加省级赛选手推荐名额分配：每个学校推荐 2 支队伍参加省级竞赛。

九、参赛程序与办法

（一）校级选拔赛

由各参赛学校自行组织完成，参赛学校可成立竞赛领导小组，具体组织实施本校的竞赛选拔活动。

（二）省级决赛

以现场展示、答辩形式进行，各参赛队伍参加对应分组（本科 1 组、高职高专 1 组）的省级现场决赛。具体分组安排、决赛比赛规则和评分标准另行通知。

十、竞赛日程

（1）2021 年 6 月 30 日前各有关高校完成本校竞赛选拔活动，推荐出参加省级决赛的分组选手，并提交报名材料（身份证复印件、学生证复印件、报名表）（纸质和电子文档各一份）。

（2）2021 年 7 月 5 日公布决赛选题。

（3）2021 年 7 月中旬（具体时间见通知），参赛团队参观相应企业，与企业人士座谈。

（4）2021 年 9 月 10 日前，各参赛团队提交策划方案。竞赛执委会组织进行书面评审，确定参加决赛名单。

（5）2021 年 10 月 9 日—10 月 11 日在×××学院进行省级决赛，决赛具体安排另行通知。

十一、报名办法

2021 年 6 月 30 日前，各高校应统一向竞赛执委会办公室提交《2021 年××省××品牌营销策划大赛报名表》。

正式报名后不得更换参赛选手。请各参赛院校根据要求，做好参赛选手的资格审查工作。大赛执行委员会办公室负责参赛选手最终的资格审查，经审查发现弄虚作假者，取消该选手参赛资格，相应参赛名额作废。

十二、奖励办法

大赛设立参赛选手个人奖项和优秀指导教师奖，由××省教育厅公布获奖名单,并颁发获奖证书。参加省级决赛的团队,按比例设置相应奖项:一等奖10%,二等奖20%,三等奖30%。一等奖获得者的指导教师评为优秀指导教师。

十三、申诉与仲裁

如对比赛有异议,由参赛学校领队以书面方式向竞赛组委会提出申诉,竞赛组委会组织专家进行仲裁,并以书面方式回复仲裁结果。

十四、其他事项

(1) 本次竞赛不收取任何费用。参加决赛团队的学校每校可选派一名领队和一名指导教师,参赛领队、指导教师和选手交通费、食宿费等自理,食宿由组委会统一安排。

(2) 各参赛院校必须为每位参加现场教学竞赛的选手办理意外伤害保险。

(3) 承办单位负责竞赛的条件保障工作,包括活动策划、大赛设备提供、参赛人员接待、赛场服务、宣传、安全保卫和食品卫生等工作。

十五、竞赛执委会办公室联系方式

地址:××省××市×××区××大道××路×号(邮政编码:××××××)

联系人:××× 联系电话:××××××××

×××省××品牌营销策划大赛组委会

2021年××月××日

简析:该策划书对××营销大赛的活动流程、效果,对竞赛的时间、地点、人物、程序、办法、奖励办法等分别进行了较为规范的表述,有一定的操作性。

一、策划书的含义与特点

策划是指为了达到特定目的,在外在环境约束和自身条件限制下,为使活动或事件能产生理想的效果,对活动或事件进行整体设计,并将其用文字表达出来的工作。策划书是对活动或事件的背景、表现、流程、效果、目标等进行规范表述的文书。策划书在政务活动、商务活动、公益活动中运用广泛,通常被称作策划方案或方案。

策划书的特点有:

(1) 预见性。这是策划书最明显的特点。策划不是对已经形成的事实和状况的描述,而是在行动之前对行动的任务、目标、方法、措施所作的预见性确认。但这种预想不是盲目的、空想的,而是结合上级的规定、本单位情况、具体工作的实际等产生的。

(2) 针对性。策划书是对限定时间、限定开展范围、限定参与人员、限定主题、限定成本的未来工作展开的,不能照抄照搬,必须实事求是,全面考虑,统筹策划。

(3) 可行性。策划是对未来工作所作的安排,必须充分考虑各方面的有利因素和不利因素,确保其可以实施。

(4) 约束性。策划书一经通过、批准或认定,即成为具有约束作用的文书。相关单位和个人都必须按其制定的要求开展工作和活动,不得违背和拖延。

二、策划书的分类

策划书按用途分,可分为创业计划书、活动策划书、项目策划书、营销策划书、广告策划书、公关策划书等。

策划书按使用的范围分,可分为本地使用的策划书、异地使用的策划书。

策划书按使用的主题分,可分为政务活动策划书、商务活动策划书、文化活动策划书、公益活动策划书等。

策划书按针对的项目分,可分为路演策划书、网站策划书、婚礼策划书、医疗策划书、会务策划书等。

三、策划书的写作

策划书一般包括标题、署名、目录、正文、附件。

1. 标题

标题一般写作"策划单位+策划事件+策划书"。实际运用中,可以简洁表述,也可用正副标题形式加以复杂表述。如"路名牌户外广告新媒体全案策划书""新媒体形象代言人大赛策划书""中秋晚会活动策划书"。

2. 署名

策划书的署名包括策划单位名称、策划人姓名,一般要在后面写上策划书成稿时间。

3. 目录

目录是对策划书内容的说明和编次,如前言、背景、活动方案、经费预算、效果预测、风险防范、注意事项等。目录中要标明页码。

4. 正文

(1) 前言。前言包括策划事件或活动依据、目的、活动名称、参与策划人员、策划工作进展情况、编制策划书进展情况、策划书用途。

(2) 背景。背景可包括国际背景、全国背景、全省背景、全市背景、行业背景、开展工作单位背景;可引用重要法律法规规章制度文件;讲清本单位基本情况。

(3) 活动方案。分阶段写清各阶段工作的时间、地点、参与人物、活动流程、活动方式。可以用文字式、图表式,也可综合表述。

(4) 经费预算。准确预算所需经费,并写清经费来源、用途和管理监督方式。

(5) 效果预测。对即将开展的工作的效果进行多方评价。

(6) 风险防范。安全检查、环保评估、天气变化、交通影响、人员缺席、现场变化、意外处理等多个方面都要考虑周到。

（7）注意事项。注意事项包括时间确定、地点安排、人员分配、事件预案、温馨提示、友情提醒。

5. 附件

附件包括策划书的佐证材料、具体安排、相关图表、单位信息、个人介绍等。

【写作训练】

1. 假如你所在的学校准备举办一次歌咏比赛，学校想要寻求 5 万元的企业赞助，请你结合你所在学校的实际，写一份策划书，目的是争取获得赞助。

2. 假如你刚进入一个汽车销售企业，企业需要开展一次路演活动，成本控制在 3 万元内。请你撰写一份策划书，要求主题突出，导向正确，形式生动，具有较强吸引力。

第二节 项目申报书

【例文分析】

项目登记号	

项目序号	

××××××××

申 报 表

课 题 名 称 ____________________

项 目 负 责 人 ____________________

负责人所在部门 ____________________

填 表 日 期 ____________________

××××学术委员会

××××年××月

我承诺对本人填写的各项内容的真实性负责,保证没有知识产权争议。如获准立项,我承诺以本表为有约束力的协议,遵守××××研究院的相关规定,按计划认真开展研究工作,取得预期研究成果。××××研究院有权使用本表所有数据和资料。

课题负责人(签章)
年　月　日

填表说明

(1) 本表请用计算机如实填写。

(2) 封面上方2个代码框申请人不填,其他栏目请用中文填写。签名处应当由本人亲笔签名。

(3) 申请表报送一式5份,其中1份原件,4份复印件。原则上要求统一用A3纸双面印制,中缝装订,活页夹在申请书内。

(4) 申请表纸版报送至××××研究院秘书处,联系人×××。电子版报送至××省社会科学院科研处,联系人×××。

填写"数据表"注意事项

(1) 本表数据将全部录入计算机,申请人必须逐项认真如实填写。

(2) 部分栏目填写说明:

主题词——按研究内容设置。最多不超过3个。词与词之间空一格。

主要参加者——必须真正参加本项目的研究工作,不含项目负责人。不包括科研管理、财务管理、后勤服务等人员。

预期成果——指最终研究成果形式,可选报1项或2项。例如,预期成果为"专著"填"A",选"专著"和"研究报告"填"A"和"C"。字数以中文千字为单位。

申请经费——以万元为单位,填写阿拉伯数字。申请数额可参考本年度申报公告。

一、数据表

课题名称							
主题词							
研究类型		A. 基础研究　B. 应用研究　C. 综合研究　D. 其他研究					
负责人姓名		性别		民族		出生日期	年　月　日
行政职务		专业职务				研究专长	

续　表

<table>
<tr><td colspan="2">最后学历</td><td></td><td>最后学位</td><td colspan="2"></td><td>担任导师</td><td></td></tr>
<tr><td colspan="2">工作部门</td><td colspan="3"></td><td colspan="2">联系电话(手机)</td><td></td></tr>
<tr><td rowspan="9">主要参加者</td><td>姓名</td><td>出生年月</td><td>专业职务</td><td>学位</td><td>研究专长</td><td>工作单位</td><td>本人签字</td></tr>
<tr><td></td><td></td><td></td><td></td><td></td><td></td><td></td></tr>
<tr><td></td><td></td><td></td><td></td><td></td><td></td><td></td></tr>
<tr><td></td><td></td><td></td><td></td><td></td><td></td><td></td></tr>
<tr><td></td><td></td><td></td><td></td><td></td><td></td><td></td></tr>
<tr><td></td><td></td><td></td><td></td><td></td><td></td><td></td></tr>
<tr><td></td><td></td><td></td><td></td><td></td><td></td><td></td></tr>
<tr><td></td><td></td><td></td><td></td><td></td><td></td><td></td></tr>
<tr><td></td><td></td><td></td><td></td><td></td><td></td><td></td></tr>
<tr><td colspan="2">第一推荐人姓名</td><td></td><td>专业职务</td><td colspan="2"></td><td>工作单位</td><td></td></tr>
<tr><td colspan="2">第二推荐人姓名</td><td></td><td>专业职务</td><td colspan="2"></td><td>工作单位</td><td></td></tr>
<tr><td colspan="2">预期成果</td><td></td><td colspan="3">A. 专著　B. 论文　C. 研究报告
D. 设计方案</td><td>字数(单位:千字)</td><td></td></tr>
<tr><td colspan="3">申请经费(单位:万元)</td><td></td><td colspan="2">计划完成时间</td><td colspan="2">年　　月　　日</td></tr>
</table>

二、课题论证

(1)【选题依据】本课题的应用价值及理论意义。
(2)【研究内容】本课题的研究对象、总体框架、重点难点、主要目标等。
(3)【思路方法】本课题研究的基本思路、具体研究方法、研究计划及其可行性等。
(4)【创新之处】本课题在研究观点、内容、方法及应用方面的创新之处。
(5)【预期成果】成果形式、使用去向及预期经济社会效益等,在推进××方面的应用场景描述。
(6)【参考文献】开展本课题研究的主要中外参考文献。

三、完成项目研究的条件和保障

(1) 课题负责人的主要学术简历、在相关研究领域的学术积累和贡献。 (2) 课题负责人前期相关研究成果的社会评价(引用、转载、获奖及被采纳情况等)。 (3) 完成本课题研究的时间保证、资料设备等科研条件。

四、经费预算

序号	经费开支科目	金额(元)	序号	经费开支科目	金额(元)
1	资料费		7	专家咨询费	
2	稿费		8	劳务费	
3	差旅费		9	印刷费	
4	会议费		10	管理费	
5	国际合作与交流费		11	其他费用	
6	设备费		合计		
年度经费预算	年份	年	年	年	
	金额(元)				

五、评审意见

<table>
<tr><td>评审组人数</td><td></td><td>实到人数</td><td></td><td>表决结果</td><td></td></tr>
<tr><td>赞成票</td><td></td><td>反对票</td><td></td><td>弃权票</td><td></td></tr>
<tr><td>建议资助金额</td><td>主审专家意见</td><td colspan="2">万元</td><td>评审组意见</td><td>万元</td></tr>
<tr><td>主审专家意见</td><td colspan="5">(1) 立项依据。
(2) 改进建议。

主审专家签字：
年　　月　　日</td></tr>
</table>

续　表

评审组意见	评审组召集人签字： 年　　月　　日

简析：各种类别的项目申报书包含的填写内容大体一致，但具体到某些项目又有差异。这是一份方案式申报书，包括基本信息、申报单位及项目负责人相关情况、申报单位基本情况、项目相关工作情况、项目负责人情况、项目初步工作方案、项目工作任务主要工作思路、组建项目团队计划及人员分工、项目时间计划、项目工作节点及可交付工作成果情况、申请承诺等要素。

一、项目申报书的含义与特点

项目申报书是单位或个人向管理部门申请课题或项目，按照相关要求填写，希望上级批准立项或划拨经费的文书。

项目申报书的特点有：

（1）预见性。项目申报书要对项目的主要内容和配套条件，如市场需求、资源供应、建设规模、工艺路线、设备选型、环境影响、资金筹措、盈利能力等，从技术、经济、工程等方面进行调查研究和分析比较，并对项目建成以后可能获得的财务、经济效益及社会影响进行预测。

（2）客观性。项目申报书需要对项目的优势、劣势、机遇、挑战等背景进行客观分析，也要对投入和产出进行理性分析，从而得出公正的结论。严禁隐瞒重大风险，以免造成难以弥补的损失。

（3）可靠性。项目申报书写作时，要全面、客观、公正地考虑问题，切忌造假，尽最大可能避免项目风险，确保项目取得预期效果。

（4）科学性。项目申报书要提出该项目是否值得投资和如何进行建设的咨询意见，为项目决策提供依据。申报书应对项目后期的目标展现，包括资金投入、财务收益、项目前景等，要有统一、合理的计划和安排。

二、申报书的种类

常用的项目申报书有科研项目立项申报书和企业项目申报书。根据项目申报书的格式主要分为填表式申报书和方案式申报书两类。填表式申报书主要用于例行工作经费申请,方案式申报书主要用于竞争性项目申请。

三、申报书的写作

(一)填表式申报书

填表式申报书的写作,是按照管理部门要求,逐项填写表格中的信息。要求简洁明了,一般控制在一页以内。

1. 申报基本信息

申报基本信息包括单位公章、申报补助项目名称、申报单位(个人)名称、联系地址、邮政编码、申报项目负责人(联系人)、联系电话、开户银行、开户账号、开户人名称。

2. 申报主体内容

申报主体内容包括保护方案总体目标及年度目标、补助项目申请理由、补助资金使用内容、项目资金来源、项目支出明细预算、经费预算测算依据及说明等。

(二)方案式申报书

方案式申报书主要用于申报单位多而立项数量少的情况。管理部门需要根据申报方案择优审批,因而,方案式申报书除说明本单位或个人能完成该项目外,更重要的是论证本单位或个人比竞争对手在人才、技术、设备、成果等方面具有更大的竞争优势,能够更好地完成所申报的项目。

一份完整的方案式申报书主要包括以下内容。

1. 基本信息

包括申报单位名称、住所地,项目负责人的姓名、职务/职称、电话、邮箱,项目联系人的姓名、职务、电话、邮箱,项目主要人员的姓名、工作单位、学历、职称、专业领域等。

2. 申报单位及项目负责人相关情况

申报单位基本情况,主要包括成立时间、主要业务领域、人员及业务规模、主要业务成绩等。

项目相关工作情况,主要包括承接或开展项目的相关工作情况及成果等。

项目负责人情况,主要包括姓名、年龄、学历背景、主要专业领域、承担或参与项目相关工作情况、个人奖励及荣誉情况等。

3. 项目初步工作方案

项目工作任务主要工作思路、组建项目团队计划及人员分工、项目时间计划、项目工作节点及可交付工作成果情况等。

4. 申请单位承诺

申报单位或个人承诺申报书中的信息真实,并承担由于申报信息不实所产生的相应责任。

【写作训练】

1. 请从网上搜阅并下载 10 份大学生创新创业大赛项目申报书范文,仔细阅读，深入研究，选择与自身情况相符的3份留用备查。

2. 请关注你所在的高校网站上有关大学生创新创业大赛的通知，与相关专业的同学一起申报大学生创新创业大赛项目，并负责填写一份完整的申报书。

第三节　招 标 书

【例文导入】

招标公告

××××咨询有限公司受××艺术馆的委托，就中国印——文化主题展及系列活动进行国内公开招标，欢迎合格的投标人前来投标。

一、项目名称：中国印——文化主题展及系列活动

二、项目编号：BIECC－ZB7157

三、招标内容：中国印——文化主题展及系列活动

四、资金来源：财政资金。项目预算金额2 981 230.00元，立项编号：PXM2019_168311_000014－JH001－XM001

五、投标人资格要求

（1）具有独立承担民事责任的能力；

（2）具有良好的商业信誉和健全的财务会计制度；

（3）具有履行合同所必需的设备和专业技术能力；

（4）有依法缴纳税款和社会保障资金的良好记录；

（5）参加政府采购活动前三年内，在经营活动中没有重大违法记录；

（6）投标人必须未被列入信用中国网站（www.creditchina.gov.cn）、中国政府采购网（www.ccgp.gov.cn）渠道信用记录失信被执行人、重大税收违法案件当事人名单，政府采购严重违法失信行为记录名单；

（7）符合法律、行政法规规定的其他条件；

（8）本项目不接受联合体投标。

六、投标报名时间及招标文件发售时间：自2021年7月25日起至2021年8月1日止，每天上午9:30至11:30，下午13:30至16:30（非工作日只能电汇或网银购买标书）。2021年7月25日、26日只能网上电汇，不接受现场购买。

七、招标文件发售地点：××市××区××路30号科××大厦A座××室。

八、招标文件售价：人民币200元/包，售后不退（电子版招标文件下载地址：http://www.biecc.com.cn/fushulanmu/Biaoshuxiazai/）。若电汇或网银购买标书，请

将电汇底单(网银转账页面)扫描件及以下表格发邮件至 aaaaaa@163.com,邮件主题请务必注明“(项目编号)购买标书信息”。

九、公告期限:5 个工作日

十、投标文件递交时间:2021 年 8 月 15 日 09:30—10:00

投标文件递交截止时间及开标时间:2021 年 8 月 15 日 10:00

十一、投标文件递交地点及开标地点:××市××区××路 30 号科××大厦 A 座××室。

十二、投标文件请于投标当日投标截止时间之前递交至投标地点,逾期递交的文件恕不接受,届时请投标人派代表参加开标仪式。

十三、评标方法:综合评分法

十四、采购项目需要落实的政府采购政策:政府采购促进中小企业发展;政府采购支持监狱企业发展;政府采购促进残疾人就业;节能产品、环境标志产品;进口产品管理;等等。

十五、本项目招标公告在××市政府采购网、中国政府采购网上发布。

十六、凡对本次招标提出询问及质疑,请与××××咨询有限公司联系(质疑函请采用政府采购供应商质疑函范本格式,以书面形式一次性提交)。

采购人:××艺术馆

地　址:××市××区复兴路甲 9 号

采购人联系方式:84187730

采购代理机构:××××咨询有限公司

地　址:××市××区××路 30 号科××大厦 A 座××室

邮　编:××××××

开户银行:华夏银行××学院路支行

账　号:×××××××××

联系部门:××××

联系人:×××

联系电话:××××××××

传真:××××××××

电子邮箱:××××××@163.com

××××咨询有限公司

××××年××月××日

简析:这则招标公告将需要招标的项目和招标要求等逐一广而告之,面向社会公开,吸引投资者前来投标。招标内容、名称、资金来源、投标人资格、投标注意事项、要求等信息表述清楚完整,条理清晰,值得借鉴。

一、招标书的含义与特点

招标书又称招标通告、招标启事、招标广告，它是将招标主要事项和要求公告于世，从而使众多投资者前来投标的文书，一般通过报刊、广播、电视等公开传播媒介发布。在整个招标过程中，它是首个公开性文件，也是唯一具有周知性的文件。

招标文件应当包括招标项目的技术要求，对投标人进行资格审查的标准、投标报价要求和评标标准等所有实质性要求和条件，拟签订合同的主要条款等。

招标书的特点有：

1. 严谨性

招标书是吸引竞争者加入的一种文书。具有法律效应，是签订合同的依据。内容要考虑周全，措辞要逻辑严谨。

2. 简洁性

招标书要求在短时间内获得结果，时间紧迫。招标书需要简明扼要，不要长篇大论，一般内容点到为止，重点内容突出陈述，以方便竞争者获取招标信息。

3. 公平性

招标书是一种告知性文书，它一般通过大众传媒公开，既要有依法办事的精神，又要有平等待人的态度，切忌在招标书中盛气凌人或低声下气。

二、招标书的种类

按招标范围，招标书分为国际招标书和国内招标书。

按招标方式，招标书分为公开招标书和邀请招标书。

按招标时间，招标书分为长期招标书和短期招标书。

按招标标的物，招标书分为工程招标书、货物招标书、服务招标书。

三、招标书的写作

招标书的写作方式主要有条文式和表格式两种。

条文式招标书由标题、正文构成。

（一）标题

可以由招标单位名称、招标项目名称和文种三部分构成，如“四川省宜宾五粮液集团有限公司报废设备及存货（部分闲置）处置项目竞争性谈判公告”；可以由招标项目名称和招标文种构成，如“财务管理系统升级加购单源直采采购公告”；也可以只写招标文种，如“招标公告”“招标书”。

（二）正文

招标书的正文包括引言、主体、结尾三个部分。

1. 引言

引言应写明招标目的、依据以及招标项目的名称。

2. 主体

主体是招标公告的核心。要详细写明招标的内容、要求及有关事项。一般采用横式并列结构，将有关要求逐项说明，有的还需要列表。具体包括如下几个方面：

（1）招标内容。如工程名称、建筑面积、设计要求、承包方式、交工日期等。

（2）招标范围。写明投标单位资格及应提交的文件。

（3）招标程序。包括内容：报名及资格审查；领取招标文件；招标交底会（交代要求及有关说明）；接受标书；开标；交招标文件押金或购买招标文件。

（4）招投标双方的权利和义务、双方签订合同的原则、组织领导及其他事项等。

3. 结尾

结尾应写明招标单位名称、地址、邮政编码、联系人、电话、邮箱等。

表格式招标书写作方式总体与条文式招标书基本相同，只是将条文内容列在表格中。

【写作训练】

1. 登录中国政府采购网中国政府购买服务信息平台（http://www.ccgp.gov.cn/），在“首页»政采公告»地方公告»公开招标公告”中阅读招标公告多遍，领会和强化招标书的写作内容和要求。

2. 根据招标书的写作内容，认真阅读下面这则招标公告多遍，在电脑上复述本招标公告主要内容并按规范格式排版。

吉林省困难老年人家庭适老化改造项目招标公告

项目概况 吉林省困难老年人家庭适老化改造项目的潜在供应商应在吉林省公共资源交易中心（吉林省政府采购中心网站）获取采购文件，并于 2022 年 8 月 16 日 10 时 00 分（北京时间）前提交投标文件。

一、项目基本情况

项目编号：HCGJ－2022－FW040；

项目名称：吉林省困难老年人家庭适老化改造项目；

采购方式：公开招标；

预算金额：1 000 万元；

最高限价（如有）：1 000 万元；

采购需求：具体服务需求详见招标文件；

合同履行期限：自合同签订之日起5年；

本项目不接受联合体投标。

二、申请人的资格要求

1. 满足《中华人民共和国政府采购法》第二十二条规定；

2. 落实政府采购政策需满足的资格要求：非专门面向中小企业；

3. 本项目的特定资格要求：

3.1 具有有效的营业执照；采购标的属于银行、保险、石油石化、电力、电信等行业的，允许该行业法人的分支机构参加投标。

3.2 近三年（2019年—2021年）财务状况良好；

3.3 单位负责人为同一人或者存在直接控股、管理关系的不同供应商，不得参加同一合同项下的政府采购活动；

3.4 拒绝列入政府取消投标资格记录期间的企业或个人投标；

3.5 拒绝被列入失信被执行人、政府采购严重违法失信行为记录名单（详见财库［2016］125号）的潜在供应商参与政府采购项目。

三、获取采购文件

时间：2022年7月25日8时30分至2022年7月29日16时30分（北京时间）；

地点：www.ggzyzx.jl.gov.cn；

方式：1. 首先登录吉林省公共资源交易中心（吉林省政府采购中心）网站（www.ggzyzx.jl.gov.cn），按照规定进行投标人注册登记，网上注册登记后，请携带相关材料到国投安信数字证书认证有限公司办理CA认证。未进行网上注册并办理CA认证的投标人将无法参与吉林省公共资源交易中心（吉林省政府采购中心）组织的所有招标采购活动。

2. 投标人取得CA认证后，可登录吉林省公共资源交易中心（吉林省政府采购中心）网站“公共资源交易主体登录→投标人”登录后选择“采购业务→交易文件下载”下载电子招标文件。投标人下载招标文件后，务必在规定的“获取招标文件结束时间”之前操作“投标报名”并完善相关投标信息，点击“确认报名”按钮确认参加投标才具有投标资格。如果投标人在规定的“获取招标文件结束时间”之前没有点击“确认报名”按钮确认参加投标，将失去参加本项目投标的资格。

3. 凡与本中心招投标活动有关的时间，均以吉林省公共资源交易中心（吉林省政府采购中心）服务器显示的时间为准。

四、提交投标文件截止时间、开标时间和地点

投标截止时间（即开标时间）：2022年8月16日10时00分。

地点：吉林省政务大厅四楼拍卖大厅。

逾期送达、未送达指定地点及未按招标文件要求密封的投标文件不予受理。

五、公告期限

自本公告发布之日起5个工作日。

六、其他补充事宜

1. 疫情期间实时关注吉林省公共资源交易中心网站发布的通知，并按相关要求执行。

2. 本次公告同时在吉林省公共资源交易中心、中国政府采购网上发布。

七、对本次采购提出询问，请按以下方式联系

1. 采购人信息

名　　称：吉林省民政厅

地　　址：绿园区普阳街×××号

联系方式：0431－××××××××

2. 采购代理机构信息（如有）

名　　称：××××有限公司

地　　址：吉林省长春市×路×号×栋×单元××室

联系方式：0431－××××××××

3. 项目联系方式

项目联系人：×××

电　　话：0431－××××××××

第四节　投标书

【例文导入】

投　标　书

××公司（招标方）：

根据贵方为××项目招标采购货物及服务的投标文件××××××（招标编号），全权代表×××（全名）××（职务）经投标方正式授权并代表依据中华人民共和国法律在××××（注册地址）注册的投标方××××（投标方名称）提交下述文件正本一份和副本一式×份。

（1）开标一览表；

（2）投标价格表；

（3）货物简要说明一览表；

（4）按投标须知要求提供的全部文件；

（5）资格证明文件；

（6）其他。

投标方、全权代表宣布同意如下条款：

(1) 投标方将按照招标文件,提供符合要求的设计和产品。

(2) 投标方将按招标文件的规定、要求及投标文件的承诺,按期、按质、按量完成任务。

(3) 投标方已详细审查全部招标文件,包括修改文件以及全部参考资料和有关附件,完全理解并同意这些内容。投标方同意提供贵方可能要求的与投标有关的一切数据或资料,并保证提供的投标文件均真实、完整,不存在任何虚假事项。投标方完全理解不一定要接受最低价格的投标或受到的任何投标,并自行承担投标涉及的全部费用、风险、损失。

投标方已于××××年××月××日依据招标文件到指定银行账户缴纳保证金。

投标自开标日期起,有效期为×个自然日。

与本投标有关的一切正式往来通信请寄:

地址:××××

邮编:××××××

电话:××××××

传真:××××××

投标方全权代表姓名、职务:×××

投标方名称(公章)

法定代表人签字:

全权代表签字:

××××年××月××日

简析:这份投标书内容全面,格式规范,行文简明扼要,排版醒目大方,直接用“投标书”作标题。顶格书写招标方名称显示出对招标方的尊重。投标缘由部分说明投标起因、投标人、投标依据。投标事项分条列项写作,包括开标一览表、投标价格表、货物简要说明一览表等。投标结语包括多项同意事项,分条列项地写明。通讯信息亦分条列项地写作,全面、客观、简洁,明确说明要求盖章或签字等注意事项。

一、投标书的含义与特点

投标书是指投标单位按照招标书的条件和要求,向招标单位提交报价并填具标单的文书。它要求密封后邮寄或派专人送到招标单位,故又称标函。它是投标单位在充分领会招标文件,进行现场实地考察和调查的基础上所编制的投标文书,是对招标公告提出的要求的响应和承诺,并同时提出具体的标价及有关事项来竞争中标。投标人应当按照招标文件的要求编制投标文件。投标文件应当对招标文件提出的实质性要求和条件作出响应。

投标书的特点有：

（1）竞争的公开性。投标是一种经济领域的竞争性活动，要求公开、公平、公正地展开竞争，严禁暗箱操作、不当竞争。

（2）制作的规范性。投标书的制作既要遵守国家对招投标工作的有关规定和具体办法，又要执行国家颁布的技术规范和质量标准，不能随心所欲、任意制作。

（3）承诺的可行性。对投标书承诺的各项条件（包括项目标价、规格、数量、质量及进度要求等等），承诺单位务必保证其可行性，一旦中标，必须严格履行承诺，绝不能反悔。

（4）时间的限定性。招投标活动一般都有严格的时间限定，必须在限期内将投标书递交招标单位，过期将视同自动放弃。同时，投标项目的进度也有严格的时间限定。

二、投标书的种类

投标书的种类与招标书的种类对应。

按招标范围，投标书分为国际投标书和国内投标书。

按招标方式，投标书分为公开投标和邀请投标。

按招标时间，投标书分为长期投标书和短期投标书。

按招标标的物，投标书分为工程投标书、货物投标书、服务投标书。

三、投标书的写作

投标书由标题、正文、落款构成。

（一）标题

写明“投标申请书”“投标答辩书”“投标书”均可。

（二）正文

投标书正文由开头和主体组成。开头写明投标的依据和主导思想。主体应把投标的经营思想和经营方针、经营目标、经营措施、经营要求、外部条件等内容全面、客观、公正、完整、具体地表述出来，要做到观点清晰、条理分明、层次清楚、语言简洁、格式规范。投标书写作要注意实事求是、具体清晰、准确及时。

（三）落款

落款要写明投标法人单位名称（或自然人姓名）和投标日期。

【写作训练】

1. 请登录采购文件网（https://www.cgwenjian.com/），认真观摩各类投标书写作案例，并分析投标书的写作规律。

2. 结合所学内容，谈谈投标书写作的注意事项有哪些。

第七章　社交礼仪文书写作

第一节　贺　信

【例文导入】

习近平致中国南极泰山站的贺信

中国南极泰山站：

在中国南极泰山站建成并投入使用之际，我对此表示热烈的祝贺！对不惧艰险、立志造福人类的广大极地科学工作者，表示诚挚的问候！

极地科学考察，是人类探索自然奥秘、探求新的发展空间的重要领域，是一项功在当代、利在千秋的事业。中国南极泰山站的建成，为我国科学家开展长期持续的南极科学考察研究提供了良好条件，有利于拓展我国南极考察的领域和范围、拓展我国海洋事业发展的战略空间。中国南极泰山站和已经建成的中国南极长城站、中国南极中山站、中国南极昆仑站、中国北极黄河站，既是我国极地工作者开展科学考察的平台，又是我国对外科学交流的重要窗口。

我相信，在广大极地工作者辛勤努力下，我国极地科学考察事业一定能够为造福人类作出新的更大的成绩！

习近平

2014 年 2 月 8 日

简析：这是国家主席习近平同志在得知中国南极泰山站建成投入使用后发出的贺信。从这则贺信中，我们可以寻找到一些规律性的元素：一是贺信标题，这封贺信使用的是完全式标题，由贺信发出者、事由和文种组成；二是称呼，即贺信接收方，也即祝贺对象；三是正文，这是贺信的主体，一般由祝贺事由，祝贺语，问候语，事由的起源、过程、意义与期望等组成；四是署名，即发出贺信的个人或组织；五是日期，即发出贺信的时间。

一、贺信的含义与特点

贺信是指党政机关、企事业单位、社会团体或个人向其他集体单位或个人表示祝贺的一种专用书信。它是日常社交礼仪应用写作的重要文体之一，已成为表彰、赞扬、庆贺对方在某个方面所作贡献的一种常用形式，还兼有表示慰问和赞扬的功能。

贺信的主要特点包括：

(1) 真诚。贺信要体现的必须是真诚的祝福，它是加强彼此联系、增强双方交流的重要手段，所以要写得感情饱满、充沛。冷冰冰的陈述、评价是体现不出贺者心情的。

(2) 真实。贺信内容要真实，评价要恰如其分，表示决心要切实可行。不可空发议论，空喊口号。

(3) 简洁。贺信要求语言精练、简洁明快，不堆砌华丽辞藻。

二、贺信的种类

根据不同的分类标准和实际应用情况，贺信可以概括为下列不同类型：

(1) 上级给下级的贺信。可以是节日祝贺，也可以是对工作成绩表示祝贺等。这类贺词，最后都要提出希望和要求。

(2) 下级给上级的贺信。这类贺词一般是对全局性的工作成绩表示的祝贺，此外还要表明下级对完成有关任务的信心和决心。

(3) 平级单位之间的贺信。一般是就对方单位所取得的工作成就或举办的活动表示祝贺，同时还可以表明向对方学习的谦虚态度，以及保持和发展双方关系的良好愿望。

(4) 国家之间的贺信。当有外交关系的国家的新首脑就职或者友好国家有重大节庆时，一般要致辞祝贺，这既是外交礼节上的需要，同时也是谋求双方共同发展、维护双方共同利益的方式和契机。

(5) 个人之间的贺信。用于亲朋好友在重要节日、重大喜事中互相祝贺、慰勉、鼓励；或者祝贺某人在工作、学习中取得了好成绩，以分享快乐。

三、贺信的写作

贺信的构成要素与一般书信相同，一般由标题、称谓、正文、结尾和落款五部分构成。其结构形式可以灵活多变。

(一) 标题

贺信的标题有多种形式，通常由文种名构成。此外还有完全式标题，有由贺信发出者、事由和文种构成，以及由事由和文种构成两种形式。个人之间的贺信、贺电也可以不写标题。

（二）称谓

贺信应顶格写明被祝贺单位（组织）或个人的名称或姓名。写给个人的，要在姓名后加上相应的称谓如“同志”“先生”“女士”等。称呼之后要用冒号。

（三）正文

贺信的正文是贺信的主体，一般要交代清楚以下几项内容：

（1）结合当前的形势状况，说明对方取得成绩的大背景，或者某个重要会议召开或活动举办的历史条件。

（2）写好祝贺的事由，概括说明对方在哪些方面取得了成绩，分析其成功的主观、客观原因；若是贺寿的贺信，要概括说明对方的贡献、品质、社会影响及地位；若是活动的贺信，要概括说明活动的内容、过程、成就或意义及其影响。这部分是贺信的中心部分，一定要交代清楚祝贺的原因。

（3）表示热烈的祝贺。须由衷地表达自己真诚的祝贺和祝福，提出希望和共同理想。

（四）结尾

贺信的结尾要写上表示崇敬、祝愿的话。可以是一句话，也可以是一段文字甚至几段文字。如“此致敬礼”“祝争取更大的胜利”“祝您健康长寿”等。

（五）落款

贺信的落款应写明发出贺信的单位名称或个人姓名，并署上发出或成文的时间。有的还需加盖印章。

【写作训练】

1. 校庆是我们共同的节日，母校永远给人一种温暖的感觉，是我们大家的精神家园。请给你就读过的小学或中学写一封校庆贺信。

2. 归纳下例的写作特点，并在小组内交流。

二〇一九年新年贺词

中华人民共和国主席　习近平

同志们，朋友们，女士们，先生们：

大家好！“岁月不居，时节如流。”2019年马上就要到了，我在北京向大家致以新年的美好祝福！

2018年，我们过得很充实、走得很坚定。这一年，我们战胜各种风险挑战，推动经济高质量发展，加快新旧动能转换，保持经济运行在合理区间。蓝天、碧水、净土保卫战顺利推进，各项民生事业加快发展，人民生活持续改善。京津冀协同发展、长江经济带发展、粤港澳大湾区建设等国家战略稳步实施。……

这一年，中国制造、中国创造、中国建造共同发力，继续改变着中国的面貌。嫦娥四号探测器成功发射，第二艘航母出海试航，国产大型水陆两栖飞机水上首飞，北斗导航向全球组网迈出坚实一步。在此，我要向每一位科学家、每一位工程师、每一位“大国工匠”、每一位建设者和参与者致敬！

这一年，脱贫攻坚传来很多好消息。……

……

这一年，我们隆重庆祝改革开放40周年，对党和国家机构进行了系统性、整体性、重构性的改革，推出100多项重要改革举措，……

……

2019年，我们将隆重庆祝中华人民共和国70周年华诞。70年披荆斩棘，70年风雨兼程。人民是共和国的坚实根基，人民是我们执政的最大底气。一路走来，中国人民自力更生、艰苦奋斗，创造了举世瞩目的中国奇迹。新征程上，不管乱云飞渡、风吹浪打，我们都要紧紧依靠人民，坚持自力更生、艰苦奋斗，以坚如磐石的信心、只争朝夕的劲头、坚韧不拔的毅力，一步一个脚印把前无古人的伟大事业推向前进。

2019年，有机遇也有挑战，大家还要一起拼搏、一起奋斗。减税降费政策措施要落地生根，让企业轻装上阵。要真诚尊重各种人才，充分激发他们创新创造活力。要倾听基层干部心声，让敢担当有作为的干部有干劲、有奔头。农村1 000多万贫困人口的脱贫任务要如期完成，还得咬定目标使劲干。要关爱退役军人，他们为保家卫国作出了贡献。这个时候，快递小哥、环卫工人、出租车司机以及千千万万的劳动者，还在辛勤工作，我们要感谢这些美好生活的创造者、守护者。大家辛苦了。

放眼全球，我们正面临百年未有之大变局。无论国际风云如何变幻，中国维护国家主权和安全的信心和决心不会变，中国维护世界和平、促进共同发展的诚意和善意不会变。我们将积极推动共建“一带一路”，继续推动构建人类命运共同体，为建设一个更加繁荣美好的世界而不懈努力。

新年的钟声即将敲响，让我们满怀信心和期待，一同迎接2019年的到来。

祝福中国！祝福世界！

谢谢大家！

第二节　感谢信

【例文导入】

中共四川省委　四川省人民政府感谢信

支援四川抗震救灾和灾后恢复重建的广大救援与援建人员、志愿者和社会各界人士，港澳台同胞、海外华人华侨及国际友人：

2008年5月12日14时28分，汶川特大地震突如其来，地裂山崩，路断河改，数万鲜活生命顷刻消逝，无数美丽家园瞬间毁灭。365个日夜过去，我们沉痛悼念在地震中不幸罹难的同胞，深切缅怀在救灾中英勇献身的烈士！

一年安危与共，一年风雨同舟。地震发生后，党中央、国务院举全国之力组织救灾，解放军指战员、武警官兵、民兵预备役人员和公安民警冲锋在前，医疗人员、专业技术人员和新闻工作者奋战一线，广大援建人员、志愿者和社会各界人士倾情奉献，港澳台同胞、海外华人华侨和国际友人真诚援助，凝聚成万众一心、众志成城，不畏艰险、百折不挠，以人为本、尊重科学的伟大抗震救灾精神。我们永远铭记，在抢险救援的危急关头，你们与灾区人民血脉共搏，千里驰援、生死营救，创造了战天斗地的奇迹，谱写了感天动地的壮歌；我们永远铭记，在恢复重建的艰难时期，你们与灾区人民心手相连，无私无畏、超常付出，全力以赴救灾区所急，千方百计解灾区所难。无疆之爱昭示了大真大善大美，倾力之援展现了坚定坚强坚韧。抗震救灾斗争取得的重大胜利使我们更加深切地感受到：祖国大家庭最温暖，人民子弟兵最可爱，赤子之心最可贵，匹夫之责最可敬。在此，我们谨代表地震灾区及全川8 800万人民，对一年来你们给予的真诚关心和宝贵支持表示最诚挚的感谢，并致以最崇高的敬意！

承关爱自奋起，历磨难志愈坚。在中央的亲切关怀和社会各界的大力支持下，我们自立自强自救。在抢险救援阶段，从废墟中救出生还者8万多人，收治伤病员400多万人次。在安置群众阶段，震后第一时间对近1 200万群众进行了紧急安置，北京奥运会开幕前按“就地、就近、分散”原则解决了450万户住所问题，震后第一个冬季确保了安全过冬温暖过年，实现了受灾群众“安居、安定、安全、安稳、安心”。在恢复重建阶段，切实加大力度、加快进度，已开工建设重建项目19 702个、完成投资3 370.5亿元，已开工农村、城镇永久性住房重建分别占总数的99%和45.2%，已开工建设学校、医院分别占总数的76.9%和51.6%。全省经济社会发展逐步走出特大地震和国际金融危机的不利影响。遭遇特大地震，四川人民没有垮，抑制悲痛、隐忍哀思，从废墟中挺立、在危难中崛起；遭遇特大地震，四川没有垮，浴火重生、负重前行，正加快建设灾后美好新家园、加快建设西部经济发展高地。

一周年是重建家园的重要节点，更是加快发展的崭新起点。我们将继续弘扬伟大抗震救灾精神，坚持实事求是和群众满意，突出民生优先和科学统筹，攻坚克难，爬坡上行，力争灾后恢复重建三年目标任务两年基本完成，到2010年9月基本实现“家家有房住、户户有就业、人人有保障、设施有提高、经济有发展、生态有改善”，灾区基本生活条件和经济社会发展水平总体达到或超过灾前水平，向历史和人民交出一份合格答卷。

灾后四川依然美丽，今日天府处处生机。我们坚信，有党中央、国务院的坚强领导，有亿万同胞和国际友人的巨大关怀，更加美好的四川一定会展现在世界面前！

中共四川省委　四川省人民政府

2009年5月12日

简析： 这是四川汶川5·12大地震一周年之际，中共四川省委、四川省人民政府向一年来救援四川灾区的所有省市、单位、部门和社会团体、组织及个人发出的感谢信。全文格式规范，要素完整，重点突出，行文平实，用语精准，既有真诚的感谢，又有奋发的决心。标题由发文单位和文种组成；正文写清楚感谢的具体缘由、事情经过，说明为何感谢，同时写出事件中体现出来的各界人士的优良品质，并表达克服灾难与困难的决心；结语表达了对美好未来的向往。

一、感谢信的含义与特点

感谢信是一种重要的社交礼仪性应用文书，是向帮助、关心和支持过自己的组织或个人表示感谢的专业书信，兼有感谢和表扬的双重意义。

在日常生活和工作中，得到对方的帮助和支持，可用这种文体表示感谢。它与表扬信有许多相似之处，所不同的是感谢信虽有表扬信的功能，但是重点在感谢。因此，写作感谢信既要表达出真切的谢意，又要起到表扬先进、弘扬正气的作用。它广泛应用于个人与个人之间、个人与组织之间、组织与组织之间，向给予自己帮助、关心和支持的对方表示感谢。感谢信可通过报刊、广播、电视、网络公开张帖，也可以直接寄给要感谢的组织或个人。

感谢信具有以下三个主要的特点：

(1) 公开性。作为一种重要的社交礼仪性应用文书，感谢信是向帮助、关心和支持过自己的组织或个人表示感谢的书信，兼有感谢和表扬的双重意思，因此具有公开性。

(2) 真挚性。在日常生活、工作中，或在重大事件中，得到对方的帮助和支持，对其帮助与支持表达谢意是发乎内心的，因此感谢信具有真挚性。

(3) 多样性。这既指表达感谢方式的多样性，也指在写作感谢信时写作方法和表达方法的多样性。感谢信以说明陈述事实为主，可以适当抒情议论，但切勿不着边际地大发议论和空洞抒情。

三、感谢信的写作

感谢信就其实质而言是一种书信文体，它是一种公开的书信，因此具有一般书信的格式规范和基本要素。它一般由标题、称谓、正文、结尾和署名与日期五部分构成。

（一）标题

第一行的正中用较大的字体写上“感谢信”，这是最常见的标题形式。如果写给个人，这三个字可以不写。有的标题由事由和文种构成，有的标题由写信单位、事由和文种构成，还有的标题由写信单位、收信单位、事由和文种构成。

（二）称谓

称谓就是收信的单位名称或个人姓名。写法是第二行顶格写收信单位名称或个人姓名，姓名后面可以加适当的称呼，比如“同志”“先生”，或对方职务、职称等头衔，称呼后用冒号。如果感谢对象比较多，可以一一列举，也可以把感谢对象放在正文中间提出，或用一个可以涵盖的统称。

（三）正文

正文是感谢信的主体和重点。写法是在第三行空两格起写正文。这一部分的主要内容包括：一是要写清楚对方在什么时间，什么地点，由于什么原因，做了什么好事，对自己或单位有什么支持和帮助，事情有什么好的结果和影响，说明为何感谢；二是要写清楚这些行动体现了对方哪些好思想、好品德、好风格或好精神、好传统等；三是要写出自己或所在单位向对方学习的态度和决心，表达谢意。

（四）结尾

正文之后，一般另起一行空两格写上“此致”，换一行顶格写上“敬礼”之类的结语。也可以不写，让其自然结尾。

（五）署名与日期

正文之后，署上单位名称或个人姓名，在署名之下写上发信的日期。单位或组织一般还要加盖印章。

【写作训练】

1. 举例说明感谢信与表扬信的异同。

2. 运用所学知识，分析下列感谢信的特点并指出其不足。

感 谢 信

中共××市委、××市人民政府：

6月17日，我市××县发生6.0级地震，地动山摇，人民群众生命财产遭受重大损失。地震发生后，党中央、国务院高度重视，习近平总书记、李克强总理等中央领导同志作出重要指示批示；省委书记××、省长××等省委、省政府领导多次作出批示，并深入一线看望慰问受灾群众、指挥指导抗震救灾，极大地鼓舞了全市人民决战决胜抗震救灾的信心。

地震无情，人间有爱。在抗震救灾的紧要关头，××市委、市政府情系灾区，为我市抗震救灾提供了无私援助和巨大支持。在此，××市委、市政府代表灾区干部群众和××万各族人民，怀着无限感恩之心，向你们表示衷心感谢并致以崇高敬意！

目前，灾区受伤群众全部得到及时救治，受灾群众全部得到妥善安置，震区交通、电力、通信等总体恢复正常，抗震救灾及灾后恢复重建工作正有力有序推进。我们坚信，在党中央、国务院和省委、省政府的坚强领导下，在各兄弟市州和社会各界的大力驰援下，我们一定带领灾区人民自强不息、顽强拼搏，艰苦奋斗、战胜灾难，共同夺取抗震救灾的全面胜利，重建美好家园！

中共××市委　××市人民政府

2019 年 6 月 27 日

3. 请阅读下例，分析感谢信的写作要点。

深厚情谊如滚滚长江，滔滔不绝
——湖北省委省政府致兄弟省区市的感谢信

新冠肺炎疫情发生以来，湖北、武汉牵动着全国人民的心。习近平总书记亲自指挥、亲自部署疫情防控的人民战争、总体战、阻击战，各兄弟省区市坚决贯彻落实党中央、国务院决策部署，全力支援湖北抗疫。经过艰苦卓绝的战斗，武汉主战场疫情传播基本阻断，湖北保卫战、武汉保卫战取得阶段性重要成果，经济社会秩序正加快恢复。

一方有难，八方支援。在我省疫情防控最吃劲的关键时刻，各兄弟省区市闻令而动，火速选派医务精英驰援湖北，紧急捐赠资金物资，对口支援我省各市州疫情防控，为打赢疫情防控阻击战作出重要贡献。全国各地的无私援助，不仅给遭遇疫情磨难的湖北人民物质上的重要支持，也是对战胜疫情的巨大精神激励，充分体现了各兄弟省区市党委政府的政治担当和各地人民的大爱仁心，充分彰显了我国国家制度和治理体系的显著优势，充分诠释了中华民族患难与共、守望相助的优良传统。危难时刻最见真情，荆楚人民深知感恩。各地人民的无疆大爱，湖北省委、省政府和 6 100 万湖北人民由衷感谢、永远铭记！

当前，在持续打赢打好湖北保卫战、武汉保卫战的同时，我们也打响了化解疫后综合征和疫后重振的民生保卫战、经济发展战。这次疫情，短期内给湖北经济社会发展带来阵痛，但不会影响经济稳中向好、长期向好的基本面。湖北有决心、有信心加速疫后重振，与全国同步实现全面小康目标。

荆江情深，黄鹤绕枝。各兄弟省区市与湖北的深厚情谊，如滚滚长江，滔滔不绝。风雨洗礼后的荆楚大地，必将更加生机无限。诚挚希望与各兄弟省区市进一步加强交流合作，共同夺取疫情防控和经济社会发展“双胜利”，为中华民族伟大复兴作出更大贡献！

中共湖北省委　湖北省人民政府

2020 年 4 月 25 日

第三节　介 绍 信

【例文分析】

介 绍 信

××广告公司:

兹介绍我院汉语言文学专业××级学生李兰同学等三人,前往贵公司毕业实习两个月,请予接洽并予协助。

此致

敬礼

××学院

××××年××月××日

简析: 该介绍信言简意赅,介绍的人、事均十分清楚,简洁明了,值得学习借鉴。

一、介绍信的含义与特点

介绍信是机关介绍本单位的人外出联系工作、洽谈事宜、参观学习或出席会议等而写的专用书信,具有介绍、证明、联络的功能。

介绍信的特点有:

(1) 证明性。介绍信是机关团体必备的具有介绍、证明作用的书信。持介绍信的人可以凭借此信同有关单位或个人联系,商量洽谈一些具体事宜,而收介绍信的一方则可以从介绍信中了解来人的职业、身份、要办的事情、要见的人、有什么希望和要求等。介绍信是联结双方的一座桥梁,其目的在于证明来人的身份,防止假冒。

(2) 时效性。介绍信就相当于一个在一定时间内有效的证件,它可以帮助对方了解你的身份、来历,同时也赋予了你一定的责任和权利,因此介绍信一般都开列出一定的时日期限,这是一种在限期内才具备有效性的专用文书。

二、介绍信的种类

介绍信分普通书信式介绍信和印刷式介绍信(有存根)两种。

普通书信式介绍信用公文纸书写。印刷式介绍信事先已按固定的格式印制好,加盖出具单位的公章,一般由存根、间缝、正文三部分组成。存根部分由标题(介绍信)、介绍信编号、存根正文、开出时间等组成,存根由出具单位留存备查。

间缝部分写的介绍编号，应与存根部分的编号一致。正文部分基本与书信式介绍信相同，只是有的要在标题下再注明介绍信编号。下面主要介绍普通书信式介绍信的写作。

三、介绍信的写作

介绍信一般分为标题、称呼、正文、结尾、落款几个部分。

（一）标题

介绍信的标题单独以文种名作标题。一般就是在第一行中间冠以“介绍信”字样。

（二）称呼

在第二行顶格写上受文单位名称然后加冒号。

（三）正文

正文要在称呼写完后另起一行，空两格书写。写出介绍的内容，包括持介绍信人的姓名、年龄、职务、政治面貌，要接洽的事项和对对方的希望、要求。

（四）结尾

写“此致敬礼”一类的敬辞。

（五）落款

落款即署名和写明成文日期。要在正文的右下方写上介绍单位名称，成文日期另起一行写在署名下，然后由介绍单位给介绍信加盖公章，否则证明信是无效的。

【写作训练】

1. 请修改下面的介绍信。

××学校：

兹介绍我单位××到你处进修文艺学，请予以接洽。该同志遵纪守法，无犯罪记录。我单位对此事表示支持。

此致　敬礼

2. 王××同学准备去××社区进行为期一个月的假期实践活动，请以学院的名义，为他写一封介绍信。

第四节　证 明 信

【例文导入】

证　明　信

我厂工程师李××同志（身份证号：××××××××××××××××××）、技术员张××同志（身份证号：××××××××××××××××××）前往福建、浙江等省考察，了解我厂出产的××牌电冰箱销售情况，希有关单位给予帮助。

特此证明。

（有效期×天）

××省××市×××厂（公章）

××××年××月××日

简析：该证明信对人、事和需求的说明均比较清楚，无歧义，写作上比较规范。

一、证明信的含义和特点

证明信是证明某人身份、经历、学历、重要事件的真实情况的专用书信，一般也直接称为证明。

证明信的特点有：

（1）具有凭证的作用。证明信是持有者用以证明自己身份、经历或某事真实性的一种凭证，其功用贵在证明。

（2）格式与书信基本一致。证明信是一种专用书信，形式有多种，但它的写法同书信的写法基本一致。

二、证明信的种类

证明信分为旁证材料的证明信和身份证明信。

三、证明信的写作

证明信由标题、称呼、正文、落款组成。

（一）标题

证明信的标题通常有两种形式：

（1）单独以文种作标题，一般是在第一行中间写明“证明信”“证明”字样。

（2）由文种和事由共同构成标题，如“关于×××同志××情况的证明”。

（二）称呼

证明信第二行顶格应写上受文单位名称或受文个人的姓名称呼，然后加冒号。

有些供有关人员外出活动证明身份的证明信因没有固定的受文者，开头可以不写受文者称呼，而是在正文前用公文引导词“兹”引起正文内容。

（三）正文

证明信的正文要在称呼写完后另起一行，空两格书写。要针对对方所要求的要点写，对方需要证明的问题就证明，其他无关的内容不写。如证明的是某人的历史问题，则应写清人名、何时、何地及所经历的事情，若要证明某一事件，则要写清参与者的姓名、身份，及其在此事件的地位、作用和事件本身的前因后果。

正文写完后，一般另起一行，退两格写上“特此证明”四个字。也可直接在正文结尾处写出。

（四）落款

落款即署名和写明证明信成文日期。要在正文的右下方写上证明单位名称或个人的姓名，成文日期另起一行写在署名下，然后由证明单位或证明人加盖公章或签名、盖私章，否则证明信则是无效的。

【写作训练】

1. 请修改下面的证明信。

××市经济学校：

××××年××月××日来信收到，根据信中要求，现将你校青年教师李××同志在我校读书期间的情况介绍如下：

你校李××同志，××××年××月至××××年××月就读于我院工商管理系营销专业。在校期间，学习刻苦，工作积极，要求进步，连续三年被评为“三好学生”。特此证明。

××大学

××××年××月××日

2. 许××同学是××学院××专业××级学生，因学生证丢失，不能参加期末考试。请为他写一封证明信。

第五节　自荐信

【例文导入】

自荐信

尊敬的领导：

我在××××年××月××日的《××日报》上见到贵公司的招聘启事，得知贵公司因业务需要招聘会计，特来应聘。

会计在单位里起到管财、理财,向领导提供财务咨询的作用,辅助领导管理财务,促进公司事业健康发展。忠于职守、忠于事业的高度责任感,是对会计思想品德和职业操守的最高要求,也是我终生不渝的追求。

我热爱会计工作,是××大学电算化会计专业应届毕业生,专业教学重视理论联系实际,重视实际演练、实际操作,毕业前夕,在××单位会计岗位进行了为期三个月的实习,积累了一定的会计实践经验。如能在贵公司工作,我将感到十分幸运。我将贡献我的所学,与贵公司的同人一起,为贵公司尽心尽力地工作,并与贵公司共求发展。我的简历,学历证明,实习鉴定,会计证、计算机等级证书及有关证件、奖状等信息已发送至邮箱,请查验。如蒙慨允给我一个面试的机会,对我进行全面考察,我将十分感谢。

此祝

健康

自荐人:××

××××年××月××日

简析: 该自荐信自荐岗位明确,对岗位工作有一定认识,对自身具备的应聘条件表述比较清楚,各要素基本具备。

一、自荐信的含义和特点

自荐信是向用人单位自荐谋求职位的书信。

自荐信的特点有:

(1) 针对性。要针对用人单位所需,并且结合自身的专长来写,字字有依据,句句真实、有说服力。

(2) 个性化。自荐信应写出求职者的独特长处,写出人无我有、人有我优的"闪光点",获得用人单位的青睐。

(3) 谦逊而不谦卑。写自荐信应有的态度是自信而不自负,谦逊而不谦卑。切忌过分吹嘘。

(4) 简明扼要。自荐信力求简练明了,而且一定要引人入胜,要把最重要的个人信息表达清楚。

二、自荐信的作用

(一) 桥梁作用

通过一封短短的自荐信,表达出自荐者的素质条件,是学习写作自荐信的目的。自荐信是寻求工作的第一块敲门砖,是自荐人与用人单位之间的桥梁,是用人单位见自荐人的第一“面”。写好自荐信，对用人单位的选择起着重要作用。

现在的人才市场是一个双向选择的市场，双方选择的余地都比较大，不少用人单位都明确宣布“电话、来访概不接待”，自荐信和其他自荐材料成为用人单位与自荐人之间的桥梁。

（二）用人单位的重要参考资料

自荐信和简历一样重要。虽然有的用人单位不要求写自荐信，有的企业招聘人员也没时间仔细阅读自荐信，但自荐信的作用还是不容小觑。有一个网上的调查，提的问题是：“人事经理，您对自荐信的关注程度如何？”统计结果显示，88%参与调查的人事经理表示非常重视自荐信的参考作用。可见，用人单位对自荐信还是非常重视的。

自荐信（视频）

三、自荐信的写作

自荐信包括标题、称谓、问候语、正文、落款、附件等部分。

（一）标题

以文种名称为标题，即“自荐信”。

（二）称谓

写出用人单位的名称（须用全称或规范简称），如“××人事处”。也可以单位领导为受文者，根据其身份、地位，给予恰当的礼貌称谓，如“尊敬的××经理”。

（三）问候语

自荐信常用的问候语是“您好”，应提行空两格写，独立成段。如果抬头是用人单位名称，则不写问候语。

（四）正文

自荐信正文包含以下内容：

1. 诉求目标

开门见山，直述自己谋求的就职目标。如“我叫××，是××大学×专业应届毕业生，我希望在贵公司谋求一份××工作”。一般不宜同时谋求若干工作职位。

2. 诉求缘由

诉求缘由部分只写求职的客观缘由，即用人单位使人向往的诸种良好条件，实际上就是表达自己对用人单位的了解和认同。

3. 自荐条件

自荐条件部分是自荐信的主体部分，用于陈述自己符合用人需求的各种条件。要条理清楚、全面完整、主次分明地列述自己胜任所求工作职务的种种优长。自荐条件主要包含以下几个方面：正确的世界观、人生观、价值观；专业知识、技能；参加的实践活动及成效；良好的综合素质及健康状况；获得的各种证书和获奖情况。这部分可用附件展示。

4. 结尾

结尾提出录用、复试的请求、希望，或表达自己的工作态度、决心。一般以期请语作结，如“希望您惠予面谈”“等候您的佳音”“静候满意的答复”“请给予面试的机会”等。

（五）落款

落款为自荐者的现行身份、姓名和成文时间。自荐书若为打印件，落款中的自荐者姓名须亲笔手写。签名力求美观，切勿过分潦草。

（六）附件

附件是自荐信内容的延伸、补充。一般包括个人简历和有关材料复印件，如在校的学习成绩单、学校的鉴定材料、实习工作单位人事部门的介绍信或推荐信、毕业证书、外语等级证书、计算机等级证书、荣誉证书、竞赛获奖证书、专业资格证书，以及在有关报纸杂志上发表的文章和论文、公开或内部发表的独著或合著的各种科研著作及相关的获奖证明等。注意，证件、证书的复印资料都应加盖有关鉴证单位的公章，证明它们与原件相符。

【写作训练】

1. 给××高中写一份谋求××教师岗位的自荐信。

2. 给××公司写一份谋求××岗位的自荐信。

第六节 启 事

【例文导入】

××酒厂征集“产品标识”启事

我厂主要产品为高粱白酒，经陈年老窖发酵，味醇厚，入口甘美，香气悠久，具有独特风格。现公开征集产品标识。

设计要求：商品名称别致、不雷同，图案简洁醒目，能体现产品特色。

征集以即日起一个月为限，应征设计请寄：××市××路××号××厂技术科。经评选只录用名称的，给予一定奖励；名称及商标图案一并录用的，奖金10 000元；如不录用，因人手有限，恕不退稿，请自留底稿。

联系地址：××市××街道××号；电话：××××××；邮箱：××××××

××酒厂

××××年××月××日

简析：该启事向公众公开征集产品标识，结构完整，要素较齐备，语言较简明。

一、启事的含义和特点

启事是一种公开文告，是单位及个人针对有需要向公众说明或希望公众协助办理的事务，用简明扼要的文字写出来的一种应用文书。它的传播方式十分灵活。

启事的特点是对事实的陈述具体清楚。时间、地点、人物、事件、原因、经过、结果等都必须要交代清楚，不能含糊其词。

二、启事的种类

启事可分为招生启事、寻物启事、招聘启事、挂失启事、征集启事、征婚启事、庆典启事等。

三、启事的写作

启事由标题、正文、落款构成。

（一）标题

标题可由具体事项加“启事”构成，也可以单独用“启事”作标题。比如“××公司招聘启事”“××学校招聘教师启事”“寻人启事”“招领启事”“××单位‘不忘初心，牢记使命’主题征文启事”等。把启事的事项在标题里显示出来，更醒目，更清晰，也更便于受众参与或支持。

拟制标题应注意以下三点：

1. 醒目

一般情况下，人们不会主动去寻找一则启事，因此，拟制时要在标题上下一番功夫，只有标题醒目，才会引起公众的注意。

2. 简短

从启事本身的篇幅看，不管是书写张贴，还是报刊、电视传播，启事本身所占版面都不大，因此只宜采用简短的标题。从读者的阅读习惯看，若标题太长，不能一目了然，反而适得其反。

3. 不能将“启事”写成“启示”

“启事”与“启示”的读音相同，但意思完全不同。“启事”是陈述事情的意思，是应用文体中一个文体的名称。“启示”是启发、指示，使别人有所领悟的意思，是动词。

（二）正文

正文的撰写，应注意以下三点：

1. 陈述性

启事有别于海报和广告。海报和广告包含较大的鼓动宣传成分，较多地运用模糊词语。启事则排斥这种成分和词汇，它要求语言干净利落，表意准确清楚，直接进入主题,而且语气要诚恳,借此获得别人的帮助、支持和参与。

2. 公告性

启事的公告性决定了启事在结构方式上首先无称谓,开头、结尾一般不用客套式惯用语。在正文的撰拟过程中,对必须说明的事情原委、过程和应办理的事项应一一交代清楚,不可轻易省略。比如,寻物启事,就要写出什么时间、什么地点、丢失什么东西、有什么特征、如何交还等;迁移启事,就要写什么时间迁移到新的地址,新的地址的具体方位,包括街、巷、门牌号码等。

3. 单一性

启事应一“事”一“启”,具有单一性。如果有两件或两件以上的事,可写成两份或两份以上的启事。

结语一般以期请语、谢语作结。比如: 有拾到者,请拨打什么电话,非常感谢。如果是人走失了,可以说如果发现,请电话联系,一定重谢等。

(三)落款

落款与一般文书的要求相同,可以是启事单位,也可以是启事人自己。最后写明启事的时间。

【写作训练】

1. 请为××学院校园文学作品大赛征文写一则启事。

2. 请为××公司写一则招聘启事。

第七节　倡 议 书

【例文导入】

建设节约校园倡议书

亲爱的老师、同学们:

或是不经意间扔掉一张白纸;或是离开房间时忘记熄灯;或是洗澡时习以为常地过量用水;或是吃饭时随意倒掉不合自己胃口的饭菜。种种的不经意,同学们,你们可曾意识到这是一种资源的浪费? 当我们坐在宽敞明亮的教室中学习时,可曾想到过穷乡僻壤中那些无力上学的孩子们渴望上学的心情,可曾想过那些在生存线上挣扎的人们? 我们可知晓中国电荒、水荒、能源告急的现状? 这一切的一切,都只需我们的举手之劳,只需我们掌握一点物尽其能、财尽其用的小窍门,只需我们拥有节能、节电、节水、节粮的意识。

为此,我们倡议全体师生做到:

一、积极了解我国资源短缺的严峻现实，真正树立节约意识。

二、节约用水，减少水龙头跑冒滴漏的现象。

三、节约用电，随手关灯；科学用电，及时切断计算机等设备电源，减少设备电耗。

四、节约粮食，合理饮食。

五、珍惜纸张，爱惜书本，循环使用。

六、开展垃圾分类回收、废物再利用活动，有效利用各种资源。

七、日省一把米，月节一斤粮。凡事贵在坚持，节约从点滴做起。吃饭时吃多少盛多少，不剩饭菜；在餐馆用餐时点菜要适量，不浪费、不摆阔，若有剩余的要打包带回家。

老师们，同学们，让我们携起手来，传承中华民族勤俭节约的传统美德，从我做起，从现在做起，从点滴小事做起，做节约资源的实践者，做保护环境的倡导者、行动者，共同创造一个环境优美的绿色校园，为创建绿色学校出一份应尽的力量。

××市××中学

××××年××月××日

简析：这是一封较为规范的倡议书，它具有书信的一般格式，由标题、称呼、正文、结尾、落款与日期等要素构成，是为倡议、发起某项活动而写作，内容公开，受众广。具体而论，标题由倡议事由和文种构成；正文包括倡议的缘由、具体内容、具体目标、具体措施与做法，是倡议书的重点；结尾再次发出号召；最后落款。

一、倡议书的含义与特点

倡议书是为发出倡议、发起某项活动而写作的一种具有号召性、提议性、公开性的专用书信。因此，倡议书实质上是一种书信，它具有一般书信的基本要素和格式。

倡议书的特点有：

（1）广泛的群众性。倡议书不是针对某个人或某一小集体而发出的，它的受众往往是某一类人，如一个部门的所有人，或是某一个地区的所有人，甚至是全国人民。因此，广泛的群众性是倡议书的特点之一。

（2）非强制性。倡议书对象广泛，其对象范围往往是不确定的，即便是在文中明确了倡议的具体对象，它也是一个类别概念。一方面，有关人员可以表示响应，也可以不表示响应，它本身不具有强制性的约束力；另一方面，即便是与此无关的群众团体或人员，也可响应其倡议。

（3）内容的公开性。倡议书是一种广而告之的书信。它是要让广大群众了解某种主张或观念，从而激起更多的人响应、参与其中，以期在最大的范围内引起共鸣、协调行动。因此，它的倡议内容必须是公开的、具体的。

（4）目的的公益性。倡议书所倡议的活动或事项、主张、观念等往往都是广大群众普遍关心、关注的，有的还是社会热点、焦点问题或前沿问题。比如教育公平问题、绿色出行问题、环保问题、反对浪费问题、关爱留守儿童问题、关注空巢老人问题等，都带有公益性、普遍性、民生性特征，与人们的生存、生活及发展密切相关。有些问题甚至事关一个地方、一个国家、一个民族乃至全人类的共同利益。

二、倡议书的种类

从传播角度分，倡议书有传单式倡议书、张贴式倡议书、广播式倡议书、登载式倡议书四类；

从作者角度分，有个人倡议书和集体倡议书两类。

三、倡议书的写作

倡议书一般由标题、称呼、正文、结尾、落款与日期五部分组成。

（一）标题

倡议书标题可由文种名单独构成，即“倡议书”；也可以由倡议内容或事项和文种名共同组成，如“关于低碳出行文明乘车的倡议书”；或由倡议单位、倡议事由和文种名构成，比如“四川省餐饮协会关于文明就餐使用公筷的倡议书”。

（二）称呼

称呼一般顶格写在第二行开头。倡议书可依据倡议的对象而选用适当的称呼，如“广大青少年朋友们”“广大妇女同胞们”“全体师生”“广大市民”“游客朋友们”等。有的倡议书也可不用称呼，而在正文中指出呼吁对象。

（三）正文

一般在第三行空两格写正文，即在称呼下空两格开始写正文。倡议书的正文内容一般包括以下方面：

一是简要写明倡议书的背景原因、目的或根据。倡议书的发出意在引起广泛的响应，只有交代清楚倡议活动的缘由，以及当时的各种背景事实，并声明发布倡议的目的或意义，人们才会理解和信服，才会积极响应、自觉行动，这些因素交代不清就会使人觉得莫名其妙，不明就里，难以响应。

二是具体写明倡议的内容和要求。这既是正文的重点部分，也是倡议书的重点。倡议的内容一定要具体化。做什么，怎么做，具体要求是什么，需实现哪些目标，其价值何在、意义何在，均需一一写明。

倡议的具体内容一般分条目列出，这样清晰明确，令人一目了然。

（四）结尾

倡议书结尾要表示倡议者的决心、希望或者提出某种建议，引导或激发人们对倡议内容的兴趣和信心,并有所行动。

(五)落款

落款即在右下方写明倡议者单位、集体或个人的名称或姓名,署上发出倡议的具体日期。

总之,倡议书在具体写法上可以灵活多变,不拘一格,但一般应遵守其基本规范,要素齐备,言简意赅,用语准确。

【写作训练】

1. 结合实例,分析倡议书的文体特点及写作要求。

2. 从"创建卫生城市""创建文明单位""关爱留守儿童""垃圾分类""文明出游""远离毒品""建设书香社区"等主题中选择一个主题,写作一份约300字的倡议书。

3. 运用所学知识,点评以下倡议书的优点与不足。

关于"低碳生活从我做起"的倡议书

老师们,同学们:

气候变化是当今人类面临的重大挑战。遏制气候变暖,拯救地球家园,是全人类共同的使命。为了你,为了我,为了他,也为了我们这个赖以生存的地球大家庭,更为了明天的美好生活,我们当代中学生应该积极行动起来,身体力行,共同遏制全球气候变暖。为此,×××大学×××学院全体同学向我校全体师生发出"低碳生活,从我做起"的倡议,号召全校师生力争做到:

第一,在日常工作和生活中,主动增强危机意识、节约意识与环保意识,真正了解节能与环境保护对国家及个人的意义。

第二,时时刻刻注意节约用电,要做到随手关闭电灯、电脑、电视等电器设备,做到人走电停。

第三,购买简单包装的商品,选购绿色产品、绿色食物,倡导绿色消费。

第四,少用一次性制品(如木筷、纸杯、纸巾等),减少垃圾,进行垃圾分类,回收可再利用资源。

第五,多骑自行车,多坐公交车,多爬楼梯,实行绿色低碳出行,将节能减排落实在日常生活中。

第六,重复使用纸张,双面打印,多发电子邮件,节约资源,保护森林。

第七,积极参加植树造林活动,在家中多养几盆花草,争做绿色文明使者。

第八,自备水壶,少喝瓶装水;洗澡时用淋浴方式,并使用节水型浴头;尽量节约自来水。

第九，做好计划统计，尽量一物多用。学会旧物利用，让有限的资源延长寿命。节约使用不可再生能源，合理应用强再生能源。

气候变化、生态环境与减碳节能问题还很严峻，我们任重道远。每位公民都应积极响应国家的号召，从现在开始，从一点一滴做起，努力为节能环保多尽一份心，多出一份力。让我们每一个人都成为低碳生活的倡导者，成为低碳理念的传播者，成为低碳生活方式的践行者，共同携起手来建设我们的绿色低碳美好新家园。

×××大学×××学院

××××年××月××日

第八章　新闻文体写作

第一节　消　　息

【例文导入】

神舟十四号载人飞船返回舱成功着陆
神舟十四号载人飞行任务取得圆满成功

《人民日报》(2022 年 12 月 05 日第 01 版)

本报北京 12 月 4 日电　(记者余建斌、吴月辉、林渊)据中国载人航天工程办公室消息,北京时间 12 月 4 日 20 时 09 分,神舟十四号载人飞船返回舱在东风着陆场成功着陆,现场医监医保人员确认航天员陈冬、刘洋、蔡旭哲身体状态良好,神舟十四号载人飞行任务取得圆满成功。

19 时 20 分,北京航天飞行控制中心通过地面测控站发出返回指令,神舟十四号载人飞船轨道舱与返回舱成功分离。此后,飞船返回制动发动机点火,返回舱与推进舱分离。返回舱成功着陆后,担负搜救回收任务的搜救分队及时发现目标并抵达着陆现场。返回舱舱门打开后,医监医保人员确认航天员身体健康。

神舟十四号载人飞船于 6 月 5 日从酒泉卫星发射中心发射升空,随后与天和核心舱对接形成组合体。3 名航天员在轨驻留 6 个月期间,先后进行 3 次出舱活动,完成空间站舱内外设备及空间应用任务相关设施设备的安装和调试,开展一系列空间科学实验与技术试验,在轨迎接 2 个空间站舱段、1 艘载人飞船、1 艘货运飞船的来访,与地面配合完成了中国空间站"T"字基本构型组装建造,与神舟十五号航天员首次完成在轨交接班,见证了货运飞船与空间站交会对接最快的世界纪录等众多历史性时刻,并利用任务间隙,进行了 1 次"天宫课堂"太空授课,以及一系列别具特色的科普教育和文化传播活动。

陈冬成为中国首个在轨驻留时间超过 200 天的航天员。

简析：这则新闻由标题、消息头、导语、主体等部分组成。“本报北京12月4日电”是消息头，交代消息的来源与时间；第一自然段是导语，概述了本则消息的主要内容；主体部分（第二自然段开始）对导语部分的内容进行了拓展叙述，让读者进一步了解神舟十四号载人飞船返回舱成功着陆的相关情况，并介绍了相关背景材料。

一、消息的含义与特点

消息是新闻体裁的一种，是报纸、广播、电视、网络中最广泛使用的新闻体裁，它是新闻媒体的主角，是最常见的一种新闻形式，它以简洁明快的语言及时报道新近或正在发生的有价值的信息。

消息在长期的发展中，形成了自己的文体特点，主要有：

（1）简短性。消息一般篇幅较短，几十字至几百字不等，有的甚至是一句话新闻，故列宁称之为“电报文体”。

随着时代的发展，人们生活节奏加快、时间观念增强，希望在最短的时间里获取尽量多的信息。因此，不少新闻媒体开设了一句话新闻栏目、消息摘编或集锦栏目、短消息栏目等。比如中央电视台的新闻联播中的“国内联播快讯”与“国际联播快讯”就主要播报国内、国际的短消息。

在消息写作中，应该注意避免两种倾向：一是有人认为短新闻、短消息表现不了大主题，篇幅短小会困锁才情，故而一味追求“长”，本来最好写一两百字消息的题材，通过对其信息层次的开发挖掘，硬拉出一篇数千字的通讯；二是有些作者片面求短，一件具体生动的事，去其血肉，只剩几根枯骨，从而无法真正体现新闻的价值。

写短消息是一门艺术。消息写短的方法很多，如一事一报法、浓缩（概括）事实法、取其一角法、化整为零法（纵向分解和横向分解）、变更体裁法、先简后详连续报道法等。

（2）时效性。时效性是衡量消息的新闻价值大小的一项硬指标，报道得越迅速及时，消息的时效性越强，其新闻价值就越能充分显现。

消息尤其是重大或突发的动态消息，其时效性往往以分秒计。早一分一秒就有可能发出“第一次信息”，既获得版权（知识产权），又给人们前所未闻的信息，满足受众“先睹为快”的心理需求。新闻机构之间竞争的一个重要方面就是时效性竞争，谁能最先、最快传播最新的事件，迅速及时满足受众的信息需求，谁就能在日益激烈的新闻竞争中获得胜利。

消息在新闻诸体裁中，时效性是最强的，对时间性的要求最高，要求争分夺秒，迅速完稿。

（3）事实性。“用事实说话”是消息的一个重要特征，也是消息写作的一种基本方法，又是新闻客观报道的形式。事实是最有说服力和感染力的，只有内容客观、报道形式客观，新闻才具有可信性，才能充分发挥作用，体现新闻的价值，这就是消息的客观事实性。

当然，消息也可以要表达观点和倾向，并非没有立场、观点的纯客观的“有闻必录”。重要的是作者通过对事实的选择和叙述间接地表达自己的观点和倾向，寓观点和倾向于事实之中，主要不是讲道理，而是讲事实，显示事实本身的逻辑。因此，作者一般应少发或不发议论，若要发议论，只能是必要之处的点睛之笔。

“用事实说话”的具体方法很多。如以小寓大、对比衬托、再现场景、细节运用、无感情色彩的中性语言运用等，其主要表达方式是叙述而非描写，更非议论和抒情。

（4）重心前置。消息的结构多是倒叙式的。它通过导语将新闻事件的结果、新闻事实的核心部分首先呈现给受众，尤其是以反映事物最新动态的消息最为突出。这种特点符合新闻传播规律，也符合受众心理规律，具有生命力。

二、消息的结构

消息一般由标题、消息头、导语、主体、背景材料、结尾构成。

（一）标题

标题是消息的“眼睛”。标题写得好，可以起到夺人眼球、吸引受众的作用。如：

地球三分钟　净增五百人（新华社1996年7月13日）

杭城新事见新风　拎书拜年书压岁（《解放日报》1991年2月19日）

消息的标题必须简明、准确地概括消息主体内容，帮助读者了解报道的基本事实。如：

一个民族也不能少　习近平牵挂着各族群众的小康路（人民网2020年6月10日）

消息标题有单标题、双标题和三标题三种形式。

（1）单标题（正题）：即只有一个标题。一般的消息多用单标题。如：

人社部：要将失业保险的保障范围扩大到所有参保人员

（2）双标题：有引题（眉题）+正题（主标题）和正题（主标题）+副题（次题）两种形式。一般用于比较重大的消息。如：

真实记录中国抗疫艰辛历程的重要文献（引题）

《抗击新冠肺炎疫情的中国行动》白皮书发布（主标题）

（3）三标题：引题（眉题）+正题（主标题）+副题（次题）。一般用于特别重大的消息。

主标题：也叫正题、正标题，概括说明消息主要事实和思想内容。

引题：又叫眉题，揭示消息的思想意义或交代背景，或说明原因，或烘托气氛，等等。

副题：又叫次题、副标题、次标题，提示消息的事实结果，或作内容提要，等等。如：

习近平主持专家学者座谈会强调（引题）

构建起强大的公共卫生体系为维护人民健康提供有力保障（主标题）

李克强王沪宁出席（副标题）

（二）消息头

消息头又叫电头、新闻头，指对消息播发的新闻单位、地点、时间的说明，有的包括了记者或通讯员，也有只说明新闻单位和时间的。一般而言，用电报发往外地称“电”，稿件发给当地的称“讯”，它是消息体裁的外在标志。

新闻通讯社主要以电报、电传、电话等方式发稿，因此，通讯社的稿件常常以“××社××地×月×日电”作为消息头。“本报讯”“本台讯”则是为了表明这篇新闻稿件是自己的记者或者通讯员的作品，如果是外埠采访也必须注明发稿的地点、时间。

消息头表明新闻消息稿的发出单位，显示消息的“身份”和版权，并以此表示承担发表新闻消息作品的责任，接受社会监督。

（三）导语

导语是指一篇消息的第一自然段或第一句话。它用简明的文字，写出消息中最主要、最新鲜的事实，鲜明地揭示消息的主题思想。

导语具有承上启下的纽带作用，在消息写作中显得特别重要，恰如其分的好导语就是一则消息成功的大半。如：

中共中央总书记、国家主席、中央军委主席习近平6月2日下午主持召开专家学者座谈会并发表重要讲话。他强调，人民安全是国家安全的基石。要强化底线思维，增强忧患意识，时刻防范卫生健康领域重大风险。只有构建起强大的公共卫生体系，健全预警响应机制，全面提升防控和救治能力，织密防护网、筑牢筑实隔离墙，才能切实为维护人民健康提供有力保障。

该导语非常精练地概括了习近平总书记在专家学者座谈会上讲话的核心内容，让人一读即明。

写作导语时，要注意以下两点：一是要抓住事件的核心；二是要能吸引读者看下去。要做到第一条，必须具备较强的分析概括能力；要做到第二条，则要有经过训练的写作技巧。

从表达方式上看，导语一般有以下几种类型：

（1）叙述式。用摘录或综合的方法，把消息中最鲜明、最主要的事实简明扼要地写出来。

（2）描写式。对消息的主要事实或某一有意义的侧面作简洁朴素而又有特色的描写，以酝酿气氛。

（3）提问式。先揭露矛盾，鲜明地、尖锐地提出问题，再作简要的回答，引起读者的关注和思考。

（4）结论式。把结论写在开头，提示报道某一事物的意义或目的。

（5）号召式。发出号召，给读者指出方向和奋斗目标。

除此之外，还有摘要式、评论式、综合式、解释式等导语类型。

（四）主体

主体是消息的主干部分，又叫"新闻躯干"。它紧接导语之后，对导语作具体全面的阐述，具体展开事实或进一步突出中心，从而写出导语所概括的内容，表现全篇消息的主题思想。主体部分可按时间顺序或逻辑顺序来写作，一般来说应先写主要的信息，再写次要的信息。

一句话新闻或简讯可以不写导语，可以没有背景交代，可以没有结尾，但任何新闻消息都不能没有主体部分。

消息主体部分一般具有两部分内容：一是呼应导语，展开阐述，即对导语中的主要新闻事实作进一步阐述和展开，起到呼应、支持导语的作用；二是围绕主题，补充引申，即对导语中没有的新闻事实进行补充，提供必要的背景材料，交代新闻事实的来龙去脉、前因后果，起到扩大消息信息量的作用。

（五）背景

消息背景是指新闻事件的历史背景、周围环境及其与其他方面的联系等。写新闻有时要交代背景，目的在于帮助读者深刻理解新闻的内容和价值，起到衬托、深化主题的作用。因此，有的新闻学者也把它称作"新闻解释"。

西方新闻学认为，背景就是对新闻事件作出的解释。美国新闻学家赖斯特说："我看不出新闻背景与解释有什么区别"，"解释，在我看来，就是新闻报道的深入化，就是把单一的新闻事件放到一系列的事件中去写"，"就是提供新闻的背景知识，从而使读者能够对新闻事件作出客观的判断"。

因此，新闻背景具有以下作用：一是说明新闻事件的起因；二是显示或帮助读者理解新闻事件的重要性；三是突出新闻稿件的新闻价值；四是表明作者的观点或倾向性。作者不会在新闻中发表议论，但可以通过所写的新闻表达自己的立场和看法。

新闻背景材料常见的有三种：对比性的、说明性的、注释性的。也有新闻学者将新闻背景材料分为四种，即人物背景材料、地理背景材料、历史背景材料和事物背景材料。

（六）结尾

消息的结尾可以不拘一格，有小结式、启发式、号召式、分析式、展望式等，与一般记叙文的结尾并无大的不同，有的自然结尾，有的没有结尾。

三、消息的写作

（一）导语的写作

导语告诉受众消息报道的主要内容，具有提纲挈领的概括作用，也具有引子和预告的作用，作为报道的开端，显得特别重要。正是因为有了导语，新闻才成为一种特殊的文体。通过导语，一篇稿子就定调定弦了，从而与受众建立起一条交流与对话的通道。因此，导语能否吸引读者在很大程度上决定了消息写作是否成功。

好的导语必须吸引住读者的注意力，阅读导语后对所报道的消息最基本、最主要的内容便有了了解。因此，导语具有承上启下的作用。一则消息的关键与主要信息就体现在导语中。

导语有直接式导语与延缓式导语两种基本类型。

1. 直接式导语

直接式导语即在消息的第一句或第一段文字里直接概括、报道新闻的核心事实，开门见山地交代何人、何事、何时、何地等信息。如：

新华社甘肃酒泉10月17日电（李国利、杨欣） 天宫游太空，神舟赴星河。17日7时30分，搭载着神舟十一号载人飞船的长征二号F遥十一运载火箭在酒泉卫星发射中心点火升空，将于2天后与天宫二号空间实验室“牵手”太空，景海鹏和陈冬开启中国航天员迄今最长太空驻留。

再如：

新华社北京9月7日电（记者王经国、李清华） 中宣部、中央军委政治工作部和共青团中央7日在人民大会堂举行陆军第74集团军某旅班长王锐同志先进事迹报告会。中共中央政治局委员、中央军委副主席许其亮在报告会前会见报告团成员，代表习近平主席和军委其他领导，向王锐同志和报告团全体成员致以诚挚问候。

直接式导语的特点是开宗明义、开门见山、直截了当，信息清楚明白，受众容易了解、接受。其不足在于易于形成套路和程式化的表述，缺乏新意，悬念不强，新闻价值可能被淹没在看似全面的概括之中。

2. 延缓式导语

延缓式导语先不陈述主要新闻事实，而是运用描写、设问、烘托等手法介绍一些相关的信息，然后再引出主要新闻事实。这种延缓式导语形式弥补了直接式导语的不足。如：

人民日报消息 谭怀生的大名，没多少人知道，但一说“谭秋桃”，知名度就高了。2012年，谭怀生返回老家重庆市开州区临江镇青阳村创业，流转20多亩土地种桃。其他人的桃子一斤只卖几块钱，他的桃子能卖10多块，而且，订晚了还买不到。

“我种的是金秋红晚熟桃，等别人的桃都下架了才上市，巧打时间差，当然供不应求！”老谭笑着，语气里透着自豪。他边说边拨开桃叶，用袋子将桃子套上，很有行家里手的范儿，“这样桃子会更甜！”

再如：

美联社亚特兰大5月23日电　一位女顾客拿着一条亮闪闪的红皮带问道："这是用鱼皮制的？那些鱼鳞是怎么处理的？"

（二）消息主体的写作

导语之后便是消息的主体。如果导语是头，那么主体就是躯干。一个精彩的导语可以吸引受众，而一个坚实的主体能让读者了解新闻消息的全貌，解答读者的疑问，满足读者的信息需求，从而体现新闻的价值。

消息主体的写作过程其实就是新闻信息提炼、组织、建构的过程。在长期的新闻写作实践中，主体的建构形成了多种模式，它们各具特点，到底采用哪种模式，一般要根据新闻材料来确定。目前，消息的写作主要有倒金字塔结构、时间顺序结构、沙漏结构、并列结构、"华尔街日报体"结构等。下面主要介绍倒金字塔结构和"华尔街日报体"结构。

1. 倒金字塔结构

倒金字塔结构是迄今为止对新闻结构模式的认识中最有新闻理论价值的。倒金字塔结构的显著特征是"头重脚轻"，即把最重要的材料放在开头，比较重要的随后安排，再次的再往后安排，最不重要的放在最后。它具有三大优势：一是便于阅读，能够迅速呈现关键信息；二是便于编辑；三是便于写稿，适用范围广。正因为具有以上优点，倒金字塔结构形式在消息写作中一直占据重要地位。虽然有人提出，这种结构形式构造单一、模式化、不够灵活，写出来的文章不够生动、缺乏灵气等，但这并没有从根本上动摇倒金字塔结构的地位。消息的文体惯用格式决定了这种倒金字塔结构形式还将继续使用下去。

倒金字塔结构（图8－1）：

标题：最重要的新闻事实（新闻价值最高）；

导语：最重要的新闻简要概述；

主体：按重要性递减原则排列材料（新闻价值递减原则）。

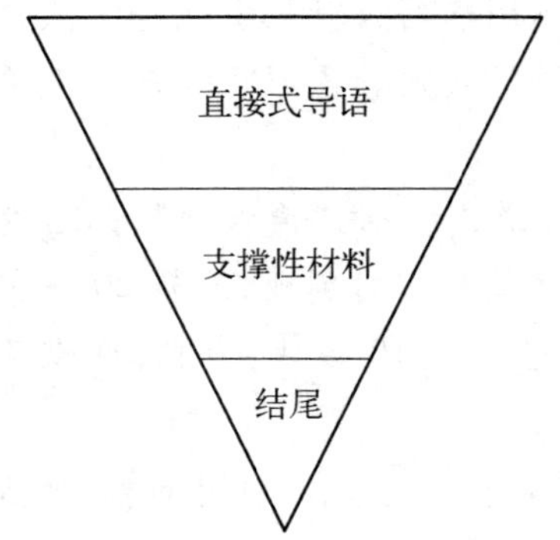

优点：1. 迅速呈现重要而关键的信息；2. 适用范围广。

缺点：模式化，越往后吸引力越弱。

写作要点：判断并选择最重要的信息，按照递减原则安排材料。

图8－1　倒金字塔结构

倒金字塔结构举例如下：

李克强主持召开国务院常务会议
确定新增财政资金直接惠企利民的特殊转移支付机制
部署支持适销对路出口商品开拓国内市场 帮扶外贸企业渡难关

新华社北京6月9日电 国务院总理李克强6月9日主持召开国务院常务会议，确定新增财政资金直接惠企利民的特殊转移支付机制；部署支持适销对路出口商品开拓国内市场，帮扶外贸企业渡难关。

会议指出，按照党中央、国务院部署，做好“六稳”工作、落实“六保”任务，是今年政府的重要工作，刻不容缓。保就业保民生保市场主体要靠市县落实。今年国家确定新增减税降费2.5万亿元，其中减免社保费将为市场主体减负1.6万多亿元，大部分在下半年实现，很多地方也在自主减税降费，这将有力支持企业特别是中小微企业纾困、解困难群众之急，但也给市县财力带来很大缺口。将新增财政赤字和抗疫特别国债共2万亿元资金直达市县，就是要支持地方落实帮扶受疫情冲击最大的中小微企业、个体工商户和困难群众的措施，加强公共卫生等基础设施建设和用于抗疫相关支出等。会议确定，建立特殊转移支付机制，将新增财政资金通过增加中央对地方转移支付、安排政府性基金转移支付等方式，第一时间全部下达市县。中央财政会同相关部门强化管理。省级政府要当好“过路财神”，同时不做“甩手掌柜”，在加强资金监管的同时，将自身财力更多下沉基层，弥补基层财力缺口，以确保中央确定的保就业保民生保市场主体举措真正落到实处。市县政府要建立使用台账，确保资金流向明确、账目可查。财政部要同步建立全覆盖、全链条监控系统，各级国库要督促做到点对点直接拨付资金、确保账实相符，审计部门要开展专项审计。对截留挪用、虚报冒领的要依法依规严肃问责，坚决处理。

会议指出，近年来脱贫攻坚力度持续加大，取得决定性成就。今年有信心有能力坚决打赢脱贫攻坚战。要把中央财政对脱贫攻坚的支持落实到位，各地在资金安排上也要向这方面倾斜。贫困劳动力稳岗、消费扶贫、产业扶贫等各项工作力度都要进一步加大，特别是要有效克服疫情冲击带来的影响，确保今年在现行标准下剩余农村贫困人口全部脱贫、实现“两不愁三保障”，贫困县全部摘帽。

会议确定，为帮扶涉及近2亿人就业的外贸企业纾困发展，在鼓励企业拓展国际市场同时，支持适销对路的出口产品开拓国内市场。简化内销认证和办税程序。支持电商平台、大型商业企业等开展外贸产品内销活动。鼓励金融机构加大信贷支持和应收账款、存货、订单等质押融资。依托大型电商平台加强对中小微外贸企业直贷业务。

会议还研究了其他事项。

（《人民日报》2020年06月10日01版）

2. “华尔街日报体”结构

“华尔街日报体”是美国《华尔街日报》惯用的一种新闻写作方法，主要适用于非事件类题材的消息报道。其基本特征是：首先以一个具体的事例或人物（小故事、小人物、小场景、小细节）开头，再自然过渡进入新闻主体部分，接下来将所要传递的新闻大主题、大背景和盘托出，集中力量深化主题，结尾再呼应开头，回归到开头的事件或人物身上，进行主题升华。这种写法从小处落笔，向大处扩展，感性、生动、亲切、自然，符合读者认识事物从具体到抽象的过程、从点到面的认知逻辑，颇受读者青睐。

“华尔街日报体”在结构上一般由五部分组成（图 8－2）：第一部分，采用延缓式导语，即以或画面描述或场景呈现或典型事例或悬念设置等方式开头；第二部分，个体故事，即讲述与新闻主题有关的核心人物故事，起到以点带面的效果；第三部分，过渡扩展，即从人物与新闻主题的交叉点切入，运用引语、事实、背景等支撑性材料丰富新闻信息，将真正的新闻内容推到读者眼前；第四部分，展开阐释，即集中而有层次地阐述或展开与新闻主题有关的事实、观点或前因后果等；第五部分，回归照应，即重新将核心个体人物引入新闻报道，交代此人与新闻主题的深层关系，起到深化或照应新闻主题的作用。有人将其总结为 DEE：description（描写）、explanation（解释）、evaluation（评价）。

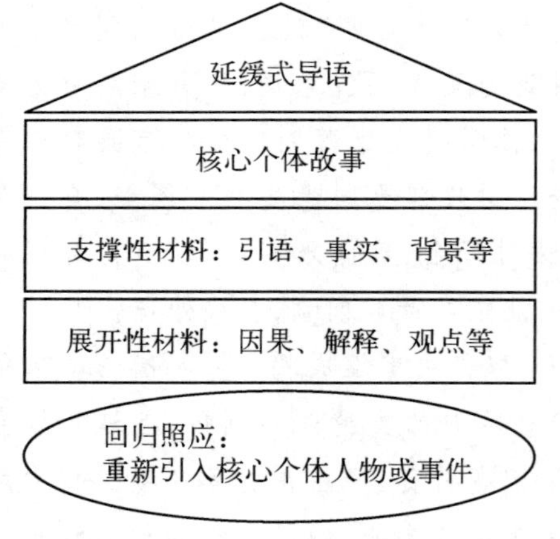

优点：1. 由点到面，贴近生活，具体而有深度；2. 报道范围较广，尤其适合现象类、特写类报道。

缺点：兜圈子、冗长，逻辑把握难度大。

写作要点：1. 以点带面，故事化；2. 信息量大，突出人文关怀；3. 贴近生活；4. 首尾呼应。

图 8－2　“华尔街日报体”结构

“华尔街日报体”结构特点如下：

一是故事性。从传播心理学的角度看，受众阅读除了求知层面的需求外，还有消遣和娱乐的需求。“华尔街日报体”借鉴了文学写作中的故事描绘手法，能把枯燥、干瘪、索然无味的硬新闻变得生动活泼、通俗有趣。故事性增强了新闻的趣味性、可读性。

二是突出人文关怀。华尔街日报体的叙述路径客观上要求寻找一个极具代表性的人物个案，强调人物故事、个案命运的重要性。任何一则报道，总要涉及和影响或将影响一些人。人是构成新闻事件的主体，新闻报道说到底是报道人在社会生活中的各种表现及其活动，例如人与自然、人与社会、人与人之间的各种关系的变化。人和人的生活对读者来说，具有最强的心理上的接近性或同构性。新闻报道里有了人，有了他们的动作、语言和感情、生活状态，容易唤起读者的兴趣与好奇。

三是贴近性。新闻价值学说中的“接近性原理”，是指要寻找所报道的事实与读者在时间、地点、心理或者利益上的接近点。接近的因素越强、越多，读者阅读的欲望也就越大。从读者关切点上找角度，回答读者普遍关心的问题，解答读者想知而未知的问题，这就是最佳的新闻角度。以普通人的视角来写作，一方面赋予了消息人情味，另一方面又突出了贴近性，易使读者产生共鸣。

四是信息量大。华尔街日报体以点带面的写作方式可以吸纳更多的信息，为作者节省大量笔墨，受众也可以在轻松的阅读状态中获得丰富的相关信息，拓展思维空间。

当然，“华尔街日报体”也存在着一定的局限，比如说故事的真实性问题、新闻的严肃性问题、新闻的简洁性问题等，但总体来说，它对丰富和改进我们的消息写作不无裨益，值得学习与借鉴。

“华尔街日报体”结构举例：

老年人面临的新威胁

去年7月，64岁的朱利亚·斯万兹开车到市中心买做果冻用的糖。晚上6点，她回到车旁，打开车门，试图坐到司机座上。她没有成功。

“我打开车门想进去，结果‘砰’有人从后面袭击我，”斯万兹说，“我被一男人按在车身上，他使劲拽我的提包。提包挂在我肩上，我紧紧抓着不放。但是他一只手不停地把我往车身上砸，另一只手拉提包的带子。最后，提包带还是滑下肩膀，他抓起提包，一溜烟逃跑了。”

在这场持续几分钟的搏斗中，身高1米61的斯万兹输给了21岁身高1米82的袭击者。她也成为一个统计对象：针对老年人犯罪的受害者。

与人们普遍想象的不同，统计数字显示老年人比其他年龄层的人更少成为暴力犯罪的受害者。他们也更少成为小偷、入室盗贼、偷车贼的受害者。一项全国犯罪调查报告指出，65岁及以上的人群遇到针对个人犯罪的比例极低，他们也较少碰到针对住宅的犯罪。地方警察对报告表示认可。他们说老年人不常成为严重犯罪事件的受害者，而且也确实较少是犯罪活动的受害者。

然而调查指出，老年人经常成为某些特定犯罪的受害者，如抢包等。地方警察还把一系列诈骗犯罪也加进来。“至于暴力犯罪，老年人成为受害者确属罕见，”尤宁敦警察局负责警官乔治·萨科托说，“但与其他年龄层相比，我们发现老年人更容易成为诈骗犯罪的受害者。”据萨科托讲，老年人常常成为假扮成读表员、维修工的诈骗犯的诈骗对象。骗子旦进屋就变成了小偷,盗窃钱财及值钱物品。

另一常见的骗局是修房骗局。施工队工人因为来自外地而常常被称为“吉普赛人”,他们通常在夏季涌入某一地区,使用高压销售手段说服老年人签约美化家居等工程。这些工程即使真的完成质量也是极为低劣的,而且要收取高额费用。前警察局社区关系及安全教育官员罗伯特·麦克奈特下士说,这些骗子用低得离谱的装修价格来吸引老年人。他们常常要求预先支付一半的费用,之后要不就卷钱逃走,要不就用不合标准的材料完成工程。“他们会用石灰水粉刷仓房。一下雨,涂料就被雨水冲下来了。”麦克奈特说,“他们还会签约重铺车道,但只是涂一层油,让它看起来好像是新铺的一样。”

尽管从统计数字上讲,老年人成为受害者的比例要比其他年龄层低很多,但他们却比其他年龄层的人更害怕成为犯罪受害者。他们会花很多时间担心犯罪问题,并想出一些办法来保护他们的生命和财产。这种自我灌输的恐惧会影响他们的行为和态度。“在大街上,一个30岁的妇女和一个60岁的妇女在付账时背包的几率是相等的,”麦克奈特说,“但是60岁的妇女往往是那个紧紧握住提包的人,因为她会担心包被抢走。”州警察局信息教育项目就是为了减轻老年人的担忧。“最大的恐惧就是无法保护自己,”麦克奈特说,“告诉老年人如何保护自己可以让他们更安心一些。”

但对于受害人来说,受害经历显示了他们的弱点,这不是轻易能够忘记的。例如斯万兹,她的肩到胳膊肘全部瘀青,花了四个星期才好。虽然她的提包后来被找到了,她只丢了4美元和一些零钱——但斯万兹现在更谨慎了。就算只是看看案发地点也会让她不寒而栗。“我再也不会觉得自己是完完全全安全的了,”她说,“虽然这种事可能再也不会发生,但它深深留在脑海中,这种事会让你受惊。我想我不可能忘记。”

(资料来自中国新闻培训网,内容有删改。)

简析:这篇典型的“华尔街日报体”报道以一名叫斯万兹的老年妇女被抢包的经历作为开头,从具体到一般。然后报道提出欲表达的新闻主题:虽然从统计上讲,老年人成为犯罪受害者的比例很低,但老年人常常是某些特殊犯罪的受害者,而且这种犯罪对受害者心理产生严重影响。接着报道用警察的话和实际案例来支持这一主题。文章的结尾回到开头故事,引用受害者斯万兹的话来强调这类犯罪对老年人心理的影响。

【写作训练】

1. 从相关媒体上选择3~5则消息导语,分析其写作方法。

2. 运用所学知识，分析下列消息的结构特点。

人社部：要将失业保险的保障范围扩大到所有参保人员

人民网北京6月5日电 据人社部网站消息，6月5日，人社部召开扩大失业保险保障范围工作电视电话会议。会议强调，要将失业保险的保障范围扩大到所有参保人员，落实延长大龄失业人员领金期限、失业补助金、临时生活补助政策。

会议指出，要落实中央“放管服”要求，放宽申领限制，畅通申领渠道，让参保失业人员及时得到生活保障。要精准实施好扩围政策，确保符合条件的失业人员应发尽发、应保尽保。要提高政治站位，加强组织保障，强化宣传引导，全力以赴做好扩大失业保险保障范围工作。

3. 讨论分析消息主体的倒金字塔结构与“华尔街日报体”结构的特点，并结合实例加以说明。

4. 如何理解消息写作中客观事实性与思想倾向性的关系？结合实例分析。

第二节 通讯写作

【例文导入】

“老鲍啊，是棵实心竹”

牢记习近平同志的嘱托，鲍新民带领余村人开始了探索，奏出了悦耳的“绿色变奏曲”。

一搭手就知道，这是一个敢作敢为、生命里镌满风霜的硬角色。瞧，粗硬的手指铁铸一般。

可不，鲍新民的前半生，一直与硬撅撅的石头打交道。1992年他当选村委会主任时，村里的“石头经济”正火：村边山坡上一天到晚炮声“隆隆”，漫天的粉尘让街巷、房舍像披上了一袭轻纱……

尽管“卖石头”给村民带来了可观的收入——每年村里有300多万元纯利润，名列安吉县各村之首，可是，鲍新民的心却在滴血：青山不见了，绿水不见了，就连村头那棵屹立了近千年的银杏树也不结果了。更糟的是，先后有5名矿工遇难……

再也不能这么活！2003年夏，村领导班子果断做出一项决定：关停矿山，让山川大地喘口气。

这一下可捅了马蜂窝:村集体收入一下子骤降至20万元。许多村民依靠矿山生活,没了饭碗能不急赤白脸?“走,找鲍新民去!”

山里人,脾气犟,鲍新民没有退缩。

2005年8月15日,时任浙江省委书记习近平同志到余村调研,听了村党支部书记鲍新民的汇报后,高兴地说,下决心停掉一些矿山,这是高明之举。熊掌和鱼不可兼得的时候,要知道放弃,一定不要再去迷恋过去那种发展模式,其实绿水青山就是金山银山。

牢记习近平同志的嘱托,鲍新民带领余村人开始了探索,奏出了悦耳的“绿色变奏曲”:对全村生态进行了大修复,办起了农家乐,推出漂流项目,发展观光农业……

时隔13年,记者走进余村,但见翠竹绿林连绵起伏,穿村而过的小溪碧水汤汤。村中心道路上,时不时穿梭着杭州、上海、苏州等地牌照的旅游大巴。如今的余村,村强、民富、景美、人和,成为践行“两山”理念的生动典型。

鲍新民告诉记者:“去年,全村人均收入超过了4万元,大部分人家买了小轿车。”

2011年,连续担任两届村支部书记的鲍新民从岗位上退了下来。但是,他哪能闲着呀——当起了村务监督员。对他,这个职务可不是个摆设:村里的发展思路有不合理的地方,他会犯颜直谏,游客乱扔垃圾、哪家农家乐偷排污水,他会上前理论……

安吉多竹,说起竹子,当地人爱这样形容:“山间竹笋,嘴尖皮厚腹中空。”可提起鲍新民,村民们说:“老鲍啊,是棵实心竹。无论做人还是做事,实诚!”

(记者 王慧敏)(《人民日报》2019年01月23日07版)

简析:这是一篇人物通讯,虽然只有短短的八百多个字,但构思非常巧妙,行文不落俗套,有起伏,有曲折,有变化,一波三折,引人入胜,尤其是使用大量的生活化语言,使人物的形象跃然纸上,让人读起来亲切自然、如临其境。本文具有通讯的基本特点:一是真实,所写人物与事件,甚至细节都真实;二是及时,迅速报道生活中的先进典型;三是生动,人物形象生动、事件具有故事性、语言行文生动、文章构思奇巧等;四是灵活,调动多种方法和手法,行文叙事的字里行间流露了作者的情感倾向,体现了消息的评论性。

一、通讯的含义与特点

通讯是具体、形象地反映近期出现的典型人物或典型事件的新闻体裁,也有人称之为“通讯报道”。它同消息一样,也是报刊、电台、网络经常使用的文体。西方传媒中没有我们所说的“通讯”,其“新闻专稿”(又称特稿)即“比消息更详尽的新闻”,近似于我国的通讯。

通讯的特点主要有:

(1)真实性。通讯虽然与其他文章一样可以对第一手材料有所选择和组织,但它所反映的必须是真人真事,连细节都必须真实,不能“合理想象”。通讯的写作可以对材料进行剪裁或取舍,但不能夸大或缩小。

(2)时效性。通讯虽然不像消息那样必须迅速报道所要反映的事实,但一般来说,读者对一些重要事件除要求在报纸和电台发消息外,还要求尽快地见到通讯,以便更详尽地了解事情的经过,以及发生、发展的原因等情况。因此,通讯也要讲求时效性,不能比消息迟得太多,一般紧随消息而至。

(3)生动性。通讯不仅要像消息那样“用事实说话”,而且要形象呈现,因而它的概括叙述较少,具体叙述和详细描写较多,有时还讲究情节的描写,运用一些修辞手法。

(4)评论性。通讯不仅要叙述、描写新闻事实,还要表明作者的态度,即使没有评论性的语句,也要有作者的感情蕴含其中。

二、通讯的种类

通讯的种类一般有两种。一是按报道内容分,有人物通讯、事件通讯、工作通讯、风貌通讯;二是按报道形式分,有访问记、专访、特写、大特写、新闻小故事、巡礼、侧记、记者来信等。初学者按报道内容来写作较为容易,但必须明白任何分类都是相对的,只是各自的写作重点不同。

(一)人物通讯

人物通讯是以写人物的思想和事迹为主的通讯,一般有一个或几个中心人物。如果是报道群体形象的,也往往突出几个比较典型的人物。人物通讯有系统报道某个人物先进事迹的长篇通讯,也有表现人物的片段事迹的“人物素描”“人物特写”“通讯小故事”。写好人物通讯的关键是抓住人物的特点,揭示出具有鲜明个性特征的人物的情怀和思想境界;要求写作中既见事又见人,通过典型事例表现人物的精神风貌。人物通讯既可以是对各类英雄模范、科学家、体育明星、社会名流等的报道,也可以是对平凡人物的报道。

(二)事件通讯

事件通讯是报道具有典型意义的新闻事件的通讯。它要求具体完整地记叙事件发生发展的情况和过程、原因和结果、意义和影响。事件通讯的题材广泛,既可以报道重大事件,又可以叙写凡人小事,既可以赞颂先进事物,以表扬为主,又可以批评错误倾向,以揭露为主,但这都是为了弘扬真善美,批判假恶丑。比如党和国家领导人出席、出访等的长篇报道;比如对某一重大事件、社会热点问题的追踪报道等。

(三)工作通讯

工作通讯是反映现实工作中的成绩,总结实际工作中的经验和教训,或者探讨有争议的亟待解决的问题的报道。它是报纸上经常运用的指导实际工作的重要报道形式，具有极强的政策性、指导性，要求写出背景、做法、成就、经验、教训，概括出具有规律性的、可借鉴的做法和经验。

（四）风貌通讯

风貌通讯也叫概貌通讯，是勾勒某一地区、某个行业或某个单位面貌变化的一种通讯。报刊上标以“见闻”“巡礼”“侧记”“纪行”“综述”等一类字眼的通讯文章，大体皆属风貌通讯。风貌通讯是应用写作中的一个重要文体，它以报道各地新风貌为主要内容，给读者呈现某地的新变化、新气象、新面貌，能开阔读者的视野，振奋读者的精神，比如2020年人民日报推出的《经济新方位·新发展理念》系列报道全方位展现我国践行新的发展理念带来的新变化、呈现的新气象。

三、通讯的写作

（一）通讯的主题

正确、深刻、新颖的新闻主题来自实践，来自作者对新闻事实及其所处时代的深入了解，也就是许多记者所说的“吃透两头”。“两头”指“上头”和“下头”：“上头”即党和国家在新的历史时期的方针、政策等；“下头”即实际，指受众普遍关注的事实。

确立和提炼通讯主题的方法主要有：

首先，站到高处，作宏观分析。开掘新闻事实的内在本质，要站到高处，抓住其所包含的时代精神和普遍意义，将事实放在历史、现实和时代的天幕上来观察、考察，做纵向和横向的宏观分析，显示其意义和价值。《习近平——新时代的领路人》（新华社北京2017年11月16日）、《铭记历史　砥砺奋进——写在中国人民抗日战争暨世界反法西斯战争胜利75周年之际》（新华社2020年9月2日）等作品，莫不如此。

其次，走到低处，作微观比较。通讯主题的提炼不仅要“站到高处”，发掘事实中蕴含的时代精神和内在本质，还要“走到低处”，作微观比较，对新闻事实和人物作具体细致的观察、考察和比较、分析，发现其特殊性、个性，找到其矛盾和差异。比如魏巍的人物通讯《谁是最可爱的人》。

最后，变换角度，作多面透视。在提炼主题时，宜多角度对事实进行观照，全面把握事实的本质特征，然后选择最佳角度来表现。比如《历史深处的证言：寻访联合国珍藏的“九一八”真相》（中国新闻社2016年9月17日）。

（二）通讯的结构

一是纵式结构，即按时间发展的顺序、事物发展的顺序（包括递进、因果等）、作者对所报道事物认识发展的顺序、采访过程的先后顺序等来安排层次，比如《六十年，和国家主席的两次握手》（吉林日报2010年12月8日）。

二是横式结构，即按空间变换或事物性质的不同方面来安排层次。常见的有空间并列、性质并列、群相并列、对比并列等。比如《谁是最可爱的人》。

三是纵横结合式结构,即将纵式和横式结合起来。此结构多用于事件复杂而时间跨度大、空间跨度广的通讯,如《为了六十一个阶级弟兄》《弄潮儿向涛头立——习近平主席出席二十国集团领导人杭州峰会系列活动纪实》(新华社 2016 年 9 月 6 日)等。

(三)通讯的表达方式

通讯以叙述和描写为主要表达方式,但又不局限于此,亦可灵活运用多种表达方式和方法。通讯在表达方式的运用上有自己的个性,即叙述的具体性和直接性,描写的直观性与现场感,议论抒情的实在性和倾向性。

(四)常见通讯的写作要点

1. 人物通讯

人物通讯可写一人,也可写群相;可写人的一生,也可写一个阶段或某个侧面;多写正面人物,如先进人物、英雄人物、有突出贡献的人物等,也可写反面典型;可写大人物,也可写凡人百姓。

人物通讯写作注意问题:一忌"有人无魂",即人物的经历、事迹都写了,但不善于选择典型材料、组织安排材料,或不善于透视人物内心世界,不善于站在时代高度对人物进行观照,"人"是有了,但思想感情、性格风貌、精神境界却没表现出来;二忌"有魂无人",即作者能站在一定高度,把握了方向性和时代性,但人物的精神面貌、思想境界表现得空洞、抽象、缺少丰满的血肉,没有具体、丰富而典型的事实,只有"幽灵"而已。

2. 事件通讯

事件通讯具有新闻性、典型性、完整性、形象性等特点,一般有一个中心事件,其他人物或事件都围绕这一中心事件展开。事件通讯以写具有典型意义的正面事件为主,但也有揭露性的事件通讯。此种通讯虽以写事为主,但同时不能忽略写人,不要见事不见人。

事件通讯写作的基本要求有四点。一要抓住一个或几个关键性场面或情节来写。事件通讯一般要再现事件全貌,但又不能从头至尾事事俱现,记流水账。这就要求作者在写作中抓住对事件的表现、对主题的揭示起关键作用的一个或几个关键点来写。在写作前,作者应分析手头占有的材料是否能满足一篇通讯的需要。一般而言,一篇事件通讯至少应有一至三个骨干性材料。有一个骨干性材料,便可写成一篇"小通讯";三个以上,可写中型通讯;多组材料,可写大通讯。二要写好事件的高潮。没有高潮,事件就是"死"的,就是平淡无味的。高潮是矛盾的焦点,是人的思想和行为的"闪光"之处,故应调动多种手法,不惜笔墨,写活写好。三要在写事的同时,写好关键人物。事件是事件通讯的核心,而事件又终究离不开人;写好关键人物,又有助于把事件写活。四要在记事的基础上,恰到好处地点出事件的意义,善于寓情于事、寓理于事。

3. 工作通讯

工作通讯具有较强的针对性、政策性和指导性。工作通讯侧重于对工作中出现的新情况、新经验、新问题进行探讨和研究,也要反映新闻事实,往往涉及现场活动,这使它区别于一般总结性文章和其他新闻通讯体裁。它与其他新闻通讯体裁相异处在于对事实作经验性的概括,对问题发表议论,对矛盾提出解决的办法,有评论色彩。

工作通讯写作的基本要求有三。一是要有现实针对性,切合当前工作需要,如社会前进过程中出现的新问题、实际工作中长期积累起来而未引起注意的问题、长期存在但悬而未决的问题、人民日常生活中经常要注意的问题等,这些都是有现实性的问题。二是具体、透彻地阐述问题和总结经验。三是夹叙夹议,有理有据。或用议论作点睛之笔,点出问题之所在;或是运用背景材料同事实对比,进行有说服力的分析;或是作者直接发表意见。无论采用哪种方式,其议论都应深入浅出、有理有据。

4. 风貌通讯

风貌通讯题材广泛,有的侧重于写社会风貌,有的侧重于写自然风貌,有的二者兼而有之。其报道对象既可是一国一省之类的大题材,也可是一村一店之类的小题材。其形式也灵活多样,常见的有“见闻”“巡礼”“纪行”“侧记”“综述”“纪实”等。

风貌通讯写作的基本要求有四。一要抓住特点,突出“新”和“变”。风貌通讯着重写作者见闻,而这见闻又须是新的见闻,能提供新的信息、反映新的变化。因此,作者应着眼于“新”和“变”,写出事物的新情况,揭示事物的新变化。二要善用对比衬托。要写“新”,要突出“变”,通常运用背景材料,选择事实和数字,作今昔对比;有时还可用民谚、故事来衬托事物的变化。三要做到给读者以丰富知识,具有生动的趣味。风貌通讯常运用历史、地理、文化、科学等方面的知识来增强知识性和趣味性,但也应注意紧扣主题、关联现实,做到恰到好处,避免冗杂。四要叙论结合、情景交融,突出变之因、变之法。风貌通讯可灵活运动多种表达方式,可以边叙边议、叙议结合,也可写景抒情、情景交融。

四、新闻消息与通讯的区别

(一)从内容上看

消息重在叙述事实,做到简明、准确地报道就可以了;而通讯重在较完整地叙写事件发展的过程和人物行为的变化,反映新思想、新风尚,因此容量往往要大些,报道也更详细,有具体的情节甚至是细节。

(二)从形式上看

消息只概括事实就可以,因而表现形式是有章可循的,即基本是消息头、导语、主体、结尾的固定格式;而通讯由于要具体形象地反映人或事,没有固定格式,比较灵活多变。

（三）从表达上看

消息是简要报道，因而重在叙述，只偶有议论或白描；而通讯因是形象的反映，虽然也以叙述为主，但往往综合运用记叙、描写、议论、抒情。

（四）从语言上看

消息一般只要求真实准确、简洁明了、通俗易懂；而通讯报道则要具体、生动、形象，讲究文采，具有感染力。

（五）从人称上看

消息只能是第三人称的客观报道；通讯则可以使用各种人称，写作角度灵活多变。

【写作训练】

从新华社或人民日报选取 2～3 篇通讯报道，分析通讯的基本特点及其写作特点。

第九章　毕业论文写作

第一节　毕业论文概述

【例文导入】

基层官员同质化符号化书写的突破
——论周云和近年的官场小说创作

（××　××学院汉语言文学×级×班　学号：××）

摘要：当下官场小说创作的明显不足是题材雷同，人物单一，创作模式化。周云和近年创作了不少官场小说，他用民间话语书写官场生态，尤其在小说《调研员》中，突破了基层官员同质化、符号化书写，为官场小说写作的突破和创新提供了有价值的思考。

关键词：周云和；《调研员》；基层官员；民间话语；另类

当代官场小说，以其现实主义姿态或描写宦海沉浮，权力纠葛，或正视社会现实，关心百姓疾苦，其批判精神，颇得受众追捧，实绩可嘉，成为当代文坛一道值得注目的风景。但当代官场小说的创作也显示出了明显的不足，表现为题材雷同，创作模式化，塑造的人物缺少艺术感染力，好人坏人，孰是孰非，一目了然。当代官场小说如何突破，如何创新，已经成为作家、评论家们热议的话题。在这个鼎新革故的社会转型时期，发展相对滞后的僻乡远镇，正以一种标本式的存在见证着时代变迁的行踪轨迹，乡村经验与城市经验、农业文明与工业文明的激烈碰撞，产生着前所未有的聚合裂变效应，解构着人伦情感和道德价值的基础，这正是四川本土作家周云和小说笔力之所在。在世纪之交的复杂多元文化背景下，他能直面思想和审美选择的种种挑战，以其小说创作的实绩，在叙事题材、价值取向和美学形态上执着于自己的个性追求。从2003年出版长篇官场小说《蝇》以来，2007年又出版了长篇小说《方太阳，扁月亮》，作品既有对主旋律的弘扬，又有对现实的批判、反讽，隐现着对现实官场弊端的忧虑。作品大都以川南为人物活动场景,着力表现苍生里的冷热,通过民间话语的书写,塑造了大时代大生活中个性鲜明的千姿百态的人物形象,彰显着内涵丰瞻的地域性别样风情。2010 年后,他更多地转向中短篇小说的创作,在《四川文学》《青年作家》《边疆文学》《当代》等刊物上发表了不少中短篇小说,2011 年出版中短篇小说集《名誉老公》,这些作品题材多样,成绩斐然,其中对官场小说的创作探索一直没有停止,他的最新中篇小说力作《调研员》(载 2013 年《当代》第 2 期,《小说选刊》《作品与争鸣》2013 年 5 期同期转载),更是用民间话语书写官场生态,塑造了一个独特的基层官员形象,在当下对基层官员同质化、符号化书写的潮流中,别开生面,为官场小说的写作提供了有价值的思考。

一、独特的审美价值取向,另类的人物个性,基层官员形象的新范式

以官场生活为题材或表现内容的所谓官场小说,因其不同程度地表现了当下干部体制的矛盾和官场层面的生存状态,揭露官场的腐败和斗争,权力的倾轧,吸引了不少读者,甚至成为某些人学习"从政经验"的"官经",虽然作家在作品中对官场腐败的批判、对贪官的惩处,"其中的凛然正气与批判力度常令我们震撼",但官场小说的人物塑造常常呈现出二元对立的状况,要么腐败透顶,呈现一系列灰色官员形象;要么凛然正气,塑造类似于"高大全"的人物,如张平《抉策》中的李高成,李唯《中华民谣》中的老徐,鲜有立体鲜活的典型,情节发展的轨迹基本上是如何获得权力,如何得意失意,为主人公身边设置几个女性以参照人性的幽微,围绕经济改革等情节展开,再有反腐倡廉者义无反顾与腐败分子作坚决的斗争等,如《苍天在上》《省委书记》《国画》等,虽然有的作品也不乏对人性沉浮的拷问,如阎真《沧浪之水》刻画了以池大为为代表的被官本位侵害的知识分子的精神沉沦和异化过程,但未能从根本上摆脱人物标签式、符号化书写的窠臼,导致了人物形象的千人一面。雷达说:"这似乎是一个两难问题:腐败严重,人们很需要反贪小说;但反贪小说一多,又迅速陷入模式化的泥淖,有的使文学不成其为文学了。"这确乎是当今官场小说创作面临的瓶颈。就传统的现实主义小说创作而言,人物是小说的核心和关键,没有人物,就如同人没有灵魂,所以钱谷融在《论"文学是人学"》中说:"文学的对象,文学的题材,应该是人,应该是实实在在行动的人,应该是处在各种各样复杂的社会关系中的人。"周云和在坚持对官场人物的赞颂和批判的基础上继续着他的多样探索。虽然早在《蝇》里就从其塑造的一个寓言式的"蝇的世界"和"消灭蝇的人的世界"里,折射出他对现实弊端的焦灼和对官场生态的忧虑,《方太阳,扁月亮》中的乡长竺可明,因不谙领导意图,仕途坎坷波折,令人叹惋。2010 年周云和发表在《金沙江文艺》中的短篇小说《白鹤林》,塑造了洞悉养鹤人心态,为百姓着想的祝县长与弄虚作假的康乡长,正反两个形象相互映衬,令人回味。2011 年发表在《四川文学》中的短篇《红蝴蝶》塑造了一个想方设法把事情"搁平"的煤管局高局长等等,尤其以《调研员》塑造的调研员形象别开生面,凸显了他在官场小说创作中的实绩。小说脱开那种揭黑幕和讲官经的俗套,在其所展开的一幕幕活色生香的市井生活场景中，从一些日常生活细节和基层工作的常见事件入手，塑造了一个不媚上级、不谋高位，履职尽责、一心为民，大智若愚，个性鲜明，有血有肉，嬉笑另类中蕴含对民生民瘼深切关怀的调研员汪二爷形象，因其改变了小说传统叙述中官员形象的陈旧模式，在一定程度上表现了人物的复杂生存状态和多重个性品质而成为当代官场小说人物画廊中的“另一个”，在官场小说人物塑造上具有标志性的标本意义，可以说是基层官员形象的新范式，引起了广泛的关注。

《调研员》以长河市报社记者“我”为视角，以调研员个人命运的起伏为叙述线索，将人物的倔强和无奈，现实官场的尴尬，人物的独特为人处世方式，纠结在一起。汪天阳“爱穿一件灰T恤，米色或乳白色休闲裤，凉草鞋，腋下挟一个被岁月磨得毛了边的黑色提包，热天经常摇着一把编着满天星的竹篾丝扇；走路像鸭子，一摇一跩的”，外表给人的印象是“农民农民的”。他平日里爱开玩笑，“县上的人都喜欢跟他一起出差，只要有他在，一路嘻嘻哈哈，笑声不断，再远的路程也不远，再累的事情也不累”。有一次唐副县长的家属来探亲，他在街上碰见他俩，故意大吃一惊说唐副县长上次介绍的夫人不是这位，弄得他俩差点离婚。最紧要的是有一次李副市长来县检查烤烟旱情工作，在旱情极为严重，人和畜生都没水喝的情况下，副市长还大谈抗旱保烟夺丰收的外行话，汪天阳因与副市长是党校同学，故而开玩笑嘲弄她。因为他的这些“犯上”“犯忌”的玩笑，他从副县长变成了调研员，名号也随之改为“汪二爷”了。彼时汪天阳在全县上下呼声很高，有望当选县长或常务副县长，结果为了维护田书记的面子，汪天阳因他的“一点都不成熟”被就地免职，当了县政府的调研员。

汪二爷当了调研员后，“表面上仍然弥勒佛一样笑眯眯的”，内心深处却十分失落，因为没事做，他就像“害大病一样”“一天到晚龟儿子一样呆在办公室”。这郁闷主要来自没有平台不能做事的苦恼。尤其揪心的是小沟村和泥坝村修桥的事，因换了人而搁浅；建大棚蔬菜基地和发展苦笋的事，解老板和周老板也撤了资，汪二爷“壮志未酬身先死，长使英雄泪满襟”式的黯然，心灵的痛楚难以言说。一个偶然的机会，他处理停当了汪家祖坟搬迁的棘手事件，苏县长就在县政府的常务会议上动议让汪二爷协助他工作，其实就是处理“疑难杂症”，让他找到了一个不尴不尬的工作位置，应该说是汪二爷的质朴和良知让他以一个非领导的身份干起了领导的事情。这在一定程度上揭示了当下以人选人的干部体制中，想干事能干事干得成事的人没有位子，不想干事不能干事干不成事的人却霸着位子的现实尴尬。小说还描写了红岩村与大山村争水械斗、牛角湾林大奎父亲火化葬公墓的事情、盘龙煤矿事故处理问题，一桩桩，一件件，都是基层工作的大事件，对这些棘手的事情和群众的各种诉求，汪二爷用智人的“精细狡侩”，一下就能找到处理问题的切入点，以情动人，以理服人，凭借自己的人格魅力，以粗朴的玩笑把深奥的道理融汇其中，让老百姓心服口服，将大事化小，小事化了，把事件处理得“纤丝合缝”，以致被称为“灭火队长”，他虽然似乎与官场的舞台渐行渐远，却依然活跃在老百姓柴米油盐的现实生活中。

小说着力刻画了汪二爷当调研员后的精神重压和不甘“赋闲”为民办实事的精神追求和良心坚守，他常说“我就不信一个尼姑端起钵钵化缘都能修一座大庙子，我毕竟还当过几天副县长，认识的人比她多，缘比她好化，结果还当不到一个尼姑，修球不起一座桥！”这掷地有声的话语非文人的矫情，亦非政治家的口号，不加任何修饰的更加动人。山泉县是一个乱子多，矿难事故多，挨处分的领导多的地方，他竟然冒着轻者罚款，重者革职坐牢的风险担任安全事故责任人，汪二爷的理由是这样的：“我看他们一个二个经常挨处分造孽得很。……现在我是调研员，不是领导，仰起睡有一条球，扑起睡球都没得，出了事，我顶着，至少可以对他们起一点保护作用嘛。”果然因为盘龙煤矿发生透水事故，国家、省市安监部门追究这起“忽视安全生产”的事故责任时，撤销了汪二爷调研员的职务，而本应作为安全责任人的苏县长，分管李副县长，因有汪二爷顶着，安全着陆。他的命运起伏转折看似偶然，实则必然。但他的眼泪却不是为职务，而是为没有了“平台”后，不能为小沟村和泥坝村修桥而流。他的心灵王国中的尴尬甚至矛盾，是呈现给读者的一部值得思考的精神档案，如“我”在小说结尾的话：“真正的主流意识不大可能接纳汪二爷这个人物”，但是百姓为什么却对汪二爷这样的人拍手称道呢，通过这部精神档案，我们体悟的不仅仅是他的灵魂世界，更是官场中人的精神现实、思想困惑和价值取向的真正原生态。可以说周云和的《调研员》在这个方面给当下表现官场中人的小说创作带来了新的思考和突破，闪耀着小说创作新理念的光芒。这与作家周云和浸润官场多年的生活历练不无关系，他常常因现在的基层领导干部工作方法简单，作风粗暴而揪心。他善于留心身边的事情，关注弱势群体的生存方式，理解同情下层民众的疾苦。他能够“沉下去”，坚持现实主义写作，以大地作为支撑，并把生活内化为自己的人格，自己的血肉，再将其外化为自己的作品，转化为人民群众需要的精神艺术食粮。

官场小说在中国文学的话语体系中，由来已久，从晚清的谴责小说到现在，在批判官场腐败，表现官员生存本相和人性异化的同时，其弊端正如鲁迅先生的评价：“官场伎俩，本小异大同，汇为长篇，即千篇一律。”周云和小说中的调研员汪二爷不去彻悟官场权力运作的深沉机制、权力结构下的潜规则和世态人情的本相，而是执着于自己为民办事的信念，使得小说突破了官场小说人物常见范式，调研员不失为一个基层官员的标本。可以说《调研员》获得成功的最重要因素，是调研员“汪二爷”这个非概念化的另类形象塑造，他行事为人坦诚独特，嬉笑直面浮世，质朴面对百姓，是一个有血有肉的真实的“这一个”。汪二爷这个形象透过生活的表象和假象，剥离掉现实和存在的种种假象，让我们追问当下基层官员的生存状况，蕴含了作家个人的精神气质，对于此次塑造的人物，周云和坦言是有所本的：来源于生活，但绝对不仅仅是生活。他说生活中有很多“汪二爷”这样的生活原型，而现实社会也需要“汪二爷”这样的人，真正替老百姓说话、办事，解决问题，真正把老百姓的事当成自己的事来办，这是他写这部小说，塑造“汪二爷”这样一个文学形象的初衷。虽然汪二爷并不是一般意义上的楷模，不像有的文艺作品，涉及人物塑造常常是一共性就失去了鲜明的个性，一个性就成了另类，不食人间烟火的异类。

官场对人性尤其是个性的整饬修葺，对个性存在的空间是极其苛酷的。周云和一直用笔研究自己的意识和灵魂，并把他的思考像血一样流入他的作品，把他在从政中的体验和观察，在他的作品中表现出来。当然《调研员》叙述话语体系中也有其平和甚至中庸的一面，发现洞悉一个时代生活的“变”，以及“变”的依据和理由，并且用文字和心智，测量出时代的灵魂的强大和脆弱，是令人沉静还是让人沮丧逼仄，这是一个作家在我们这个时代写作的叙述难度。苏珊·桑塔格说：“一位坚守文学岗位的小说家必然是一个思考道德问题的人：思考什么是公正和不公正，什么是更好或更坏，什么是令人讨厌和令人赞许的……”调研员形象也容易让普通受众误读为基层干部要与群众打成一片就要具有群众身上的落后性、痞子性，所谓“搁得平”就是水平。在深入走群众路线的今天，一些领导干部也是这样，在“搁得平”的过程当中，没有站在群众的利益、情感立场上思考问题。虽然事情“搁平”了，但其政策法律水平有限导致了干群、党群关系被疏远、离间。在浮躁的读图时代，在不少读者纷纷进入互联网，用微博传播经典段子的时候，小说如何留住读者，是值得思考的问题。这不仅期待作家有触碰那些最坚硬的现实问题的勇气，更期待着现实创作环境的嬗变与重建。

二、民间话语的书写，独辟蹊径，凸显乡土情怀中的官场生态

语言是作家文学审美倾向的重要体现。在官场小说的写作中，多数作家采用传统的甚至教科书式的书面语言叙事，这种书写往往呆滞苍白，缺乏原生态生活语言的灵动鲜活和质朴厚重，失去了文学语言应有的吸引力、生命力和艺术张力。而周云和的小说，则一贯坚持民间话语叙事，弥漫着浓厚的乡土气息和地域色彩，不管是小说叙述者的语言，还是小说中人物的语言，都洋溢着浓郁的乡间泥土气和市井烟火气。这种民间话语书写，因为根植于民间，接着了“地气”，所以能积聚人气。“民间”是一个有着丰富涵义的文化概念，关于民间的理论由陈思和提出后，给当代文学的创作和批评带来了深刻的影响。民间话语在这里指对具有自然形态的中国基层百姓的生活态度和精神状态的叙述，蕴含着冲破官方立场的来自民间的自在、自由精神。语言在“五四”被启蒙以后，作家鲜有用其他语言形式写作的实践，周云和用民间话语表现官场生态，成为他小说创作的一大亮点，使作品具有强大的艺术张力，更能凸显基层官员的形象，展现地域文化特色，显示语言本身对小说审美的独特意义。《调研员》主人公洒脱不羁，大胆越轨甚至低俗的语言玩笑不被主流意识认可，却成就了一个性格鲜明立体的形象。

高尔基说：“文学的基本材料是语言，是给我们一切印象、感情、思想以形态的语言。”小说语言的使命之一就是展示环境，描述丰富多彩的生活。周云和小说的民间话语首先体现在叙述语言的民间性。小说叙述语言整体的乡土气息、日常生活气息和地域文化色彩，都比较浓厚，如《方太阳，扁月亮》开篇的环境描写："石嘴子是一个从石壁上端像岩鹰嘴壳一样向外突出的石尖。站在石尖上下看江流，会吓得人打抖抖。石嘴子往上走是青龙嘴，一个近千米的长坡，蚯蚓一样瘦小弯曲的小路，陡峭险要处，两人同时往上爬，前一个的脚后跟，要踢着后一个的脑顶皮。"《荒唐事件》一开始便说张组织"心头火气旺得很"，用幽默而形象的语言造成悬念，吸引读者读下去。这在小说《调研员》里尤其突出。在《调研员》里，"我"得知汪二爷实职转非后想安慰汪二爷的联想："作为好朋友，我想安慰他无官一身轻，但觉得这样说俗气。想说随遇而安，又有站着说话不嫌腰疼之嫌。想说留得青山在，不怕没柴烧，这又有一点东山再起的狼子野心；政治生态常识谆谆教导我们，摔倒了要爬起来，不是朝内有人，就要有票儿做拐杖。"还有"我"在猜测汪二爷转非的原因是我的过错时："我突然想到，是不是我最近采写汪二爷的那篇文章《深山燃烽火》，惹怒了县委刘书记，趁换届选举之机，拈骨头敬汪二爷？"在描写汪家祖坟搬迁时，小说对汪二爷的堂兄汪天顺是这样表现的："他偏偏倒倒走到祖坟山，见一片新挖出来的土地，疑惑地说：哪个人这么勤快啊，半天时间都没得，就挖出了这么大一片？揉揉朦胧醉眼一看，不对，这是我汪家的祖坟山，咋被刨得乱翻翻的了呢？"他赶快去报告幺叔，"幺叔喝得二昏二昏的，正靠在一把竹椅子上眼闭眉虚地养神，听这么一说，针扎了一样陡然站起身：哪个有吃雷的胆子，敢挖我的祖坟？"其中的"票儿"（指钱），"拈骨头"（找茬子），"乱翻翻"（零乱），"二昏二昏"（醉醺醺）等语言，带有浓厚的地方色彩，信手拈来而又恰到好处，使小说具有一种亲和力。这与作家生于斯长于斯有着割不断的关系，一个没有深厚的生活基础，对故乡没有深沉的爱的人，是没有这种具有浓厚的泥土气息的语言感觉的。周云和的文字都是从川南泥土里生长出来的、柑橘树上结出的果子。他的家乡宜宾，是万里长江第一城，有着深厚的大江地域文化蕴藏，作家把对故乡的爱渗透笔端，描绘的故乡人民的生活方式、情感价值，以及在这里正在发生的深刻变化，具有浓郁的川南文化意味。

其次是人物语言的民间性。人物语言是人物性格的反映，美国作家利昂·塞米利安说："如果人物的语言是具有性格特征和道地可信的，这些语言是人物性格的声音，手势的描写和第三者详尽的解说就是多余的了。"周云和小说中的人物在语言上有明显的特色，这源于他一贯坚持的民间话语写作，《蝇》中的钱一庄对灭蝇办的评价："灭蝇办，灭蝇办，单位空壳壳，位置靠边站，要经费没有，论事情有干。"一个一朝权在手，腐败随之生的人物跃然纸上。《调研员》中的主人公汪二爷的语言更是极具个性，"拿川南土话来说就是'甩吊吊的'，爱带'球'字，那个'球'字，不是粗话脏话，只相当于一个结构助词"。有他在的场合，再严肃的气氛都能变得缓和。汪二爷形容李市长是校场坝的母猪，不能跑，也不能咬；形容上等骨灰盒如现在富贵人家的别墅等，含蕴深刻，汪二爷幽默风趣的形象也跃然纸上。《白鹤林》里的梅庆林哭丧着脸说:“康乡长,你是亲眼看到的,……是小白鹤自己不愿意飞走的嘎。”像“嗦”“噶”“呦”“呀”“哇”“啵”这类语气词在周云和的小说中随处可见。这些人物对话中的语气词,使地域风情更加凸显。

方言是地域性的重要体现,川南方言的运用,生动、灵活。方言一出,以川南为背景的人文氛围瞬间突显,川南人也变得活灵活现了,他的调研员、祝县长、康乡长、高局长等就是操着地道方言的其中的一位。小说大量采用方言来展开对话,使得人物的性格栩栩如生。宜宾经历了多次大移民,加上多山、多水,特殊的自然背景下形成了川南人机智幽默,泼辣直率的性格特征;纯朴的民风,特异的民俗,包括落后愚昧的性格缺陷,也在小说语言中鲜明地体现出来。如汪二爷与林大娘的那场对话,先是汪二爷用纸烟与林大娘换叶子烟抽,小说写道:“林大娘绷紧的脸蓦地一松,凶相瞬间变成疑问:你叭得来叶子烟?汪二爷叭嗒叭嗒地叭了几大口,大声说道:安逸,过瘾。你这烟是自己种的,还是买的?林大娘愣了愣,回答道:自己种的。汪二爷夸奖道:嗯,不错,劲猛。肯定上过油枯的,不然没有这么好的味道。紧张的气氛,骤然缓和下来。”作者别具一格的川南方言的运用,显示了作家深厚的语言功底,他能洞察生活的方方面面,洞察不同人物的内心,使用符合人物身份性格的语言,看不到生硬的痕迹,因为他从时代和人民群众的审美需求出发,剔除了方言中的种种杂质,捕捉到人物心灵撞击的火花,运用群众喜闻乐见的通俗语言,将官场生态和川南百姓的日常生活、地方特色融为一体,将通俗化与艺术化很好地结合统一起来,在这一点上周云和的创作与赵树理的小说有相通之处,可以说他是走了一条贯彻毛泽东文艺思想的踏实之路,认真学习群众的语言,实践着鲁迅先生的倡导:“应该多有为大众设想的作家,竭力来作浅显易解的作品,使大家能懂、爱看,以挤掉一些陈腐的劳什子。”

周云和用民间话语书写官场生态,并紧扣主人公作为基层官员的特点,结合其个性化的性格,打造出富有个性化的语言,幽默生趣,譬喻生辉,具有浓郁的地域特色,对于熟悉四川方言的读者,能唤起他们的审美经验,起到拉近距离的效果;对于不熟悉川南方言的读者,方言的表达在一定程度上不仅起到了“陌生化”的效果,更增强了阅读的趣味性,给读者以雅俗共赏的审美体验。在构建和谐社会的今天,官员设若能深入群众,丢掉官腔,用群众的语言说通俗易懂的掏心窝子话,真诚地与“大叔”“大婶”“兄弟姐妹”们站在一起,服务人民也就有了生气和活力。

结　语

1983 年,巴金在首届茅盾文学奖颁奖大会上说,一部优秀作品的标志,就是能够给读者留下一两个教人掩卷不忘的人物形象。周云和用民间话语书写官场生态,表现地域特色,以批判现实主义为手法的小说人物刻画,特色鲜明,不落窠臼。尤其是《调研员》没有从正面去描摹官场里的所谓争斗和沉浮,而是在人物的个性和人物的命运方面用力,民间话语的使用更让读者既忍俊不禁又报以同情悲悯,突破了官场人物创作的陈旧模式，让我们看到与大部分"官场小说"不一样的旨趣和价值取向，表达了作者对当下官场生态的思考。正如《小说选刊》责编稿签对《调研员》的评价：这是一部生动、深切书写民生问题，描绘领导干部，描写基层工作的现实主义优秀之作。

参考文献：略

简析：本篇论文，以周云和作品为研究对象，对他近年创作的官场小说，尤其是《调研员》，突破了基层官员同质化、符号化书写的现象作了分析，为官场小说写作的突破和创新提供了有价值的思考。

一、毕业论文的含义与特点

毕业论文是高等院校毕业生提交的一份有一定的学术价值的文章，是在指导教师指导下对学习成果的综合性总结和检阅，是体现学生掌握知识的程度、分析问题和解决问题的基本能力的一份综合答卷。

毕业论文属于学术论文。毕业论文主要采取逻辑思维方式，强调在事实的基础上，展示严谨的推理过程，得出令人信服的科学结论。毕业论文虽属学术论文中的一种，但和一般学术论文相比，又有自己的特点：

（1）选题创新，立论科学，观点鲜明。毕业论文的选题要有新意，有新看法、新见解、新观点。选题可以在教师的指导下进行，也可以是学生自己的思考。论文的观点和内容要能够反映事物发展的客观规律，观察、分析问题能坚持实事求是的科学态度。

（2）论据翔实，论证严密。充分、翔实的论据材料是主题和观点的支撑，论文应选取必要的具有新颖性、典型性、代表性的论据，运用合理科学的论证方法，体现出较为完善的概念、判断、推理过程。

（3）结构规范，容量适当。毕业论文应安排好层次结构，逻辑线索明晰，容量适当。毕业论文的基本结构包括题目、摘要、关键词、目录、正文、参考文献、致谢和附录等几部分。论文正文包括绪论、论文主体、结论等部分。

二、毕业论文的种类

（一）专题型论文

专题性论文是在分析前人研究成果的基础上，以直接论述的形式发表见解，从正面提出某学科中某一学术问题的一种论文。如李嵘明的《浮世代代传——海派文人说略》审视了中国现代文学史上众说纷纭的海派创作群体，对这个群体的内涵和外延作了新的阐释。

（二）论辩型论文

论辩型论文是针对他人在某学科中某一学术问题的见解，凭借充分的论据，着重揭露其不足或错误之处，通过论辩形式来发表见解的一种论文。不同的人对同样的问题会有不同的看法，有不同的看法就会有争论或辩论，而写文章是进行辩论的最有效的方法之一。论辩型论文是表达自己独到和深刻的见解并试图说服对方的工具。如彭泽平的《再论“教育理论指导实践”问题——与曹永国同志商榷》，该文对“教育理论指导实践”命题的追问实出于对当前教育理论与教育实践相互割裂、甚或相互对立的现状而对传统教育理论功能观的一种前提性的反思。

（三）综述型论文

综述型论文是在归纳、总结前人或今人对某学科中某一学术问题已有研究成果的基础上，加以介绍或评论，进而发表自己见解的一种论文。综述论文通过对已发表材料的组织、综合和评价，以及对当前研究进展的考察来澄清问题。综述论文可以对问题进行定义；总结以前的研究，使读者了解研究的现状；辨明文献中各种关系、矛盾、差距及不一致之处；建议解决问题的后续步骤。综述论文的组织形式是按逻辑关系而不是按研究进程来组织的。如《中国社会各阶级的分析》，此文是毛泽东为反对当时党内存在着的两种倾向而写的。

（四）综合型论文

综合型论文是将综述型和论辩型两种论文形式有机结合起来写成的一种论文。这种类型的文章通过对事实进行分类和呈现来帮助读者理解一个主题，以进一步加深读者的理解。如《关于中国民族关系史上的几个问题》一文既介绍了研究民族关系史的现状，又提出了几个值得研究的问题。

第二节　毕业论文写作过程

一般而言，毕业论文的写作过程包括：确立选题，搜集资料，选择论证方法，论文撰写和修改。

一、确立选题

（一）选题的重要性

所谓选题，顾名思义，就是选择毕业论文的论题，即在写论文前，选择确定所要研究论证的问题。正确而又合适的选题，对撰写毕业论文具有重要意义。通过选题，可以大体看出作者的研究方向和学术水平。爱因斯坦曾经说过，在科学面前，“提出问题往往比解决问题更重要”。提出问题是解决问题的第一步，选准了论题，选好了题目，可以起到事半功倍的作用。

对于大学生来说，撰写毕业论文并不是一件轻松的事。如果毕业论文的题目过大或过难，就难以完成写作任务；反之，题目过于容易，又不能较好地锻炼科学研究的能力，达不到写作毕业论文的目的。因此，选择一个难易大小合适的题目，可以保证写作的顺利进行。

一般而言,毕业论文的选题是在教师的指导下进行的,有的学生自己不独立思考,完全依赖教师给出题目;有的学生缺乏研究分析,不假思索,拿到题目就写。这些做法都是不正确的,因为这不利于作者主观能动性的再调动,限制主观能动性的再发挥;不利于增长知识,提高能力。同时,有的学生撰写毕业论文不经过选题论证这一具有重要意义的研究过程,对文章的观点、论据、论证方法心里没底,材料准备不足,这样勉强提笔来写,就会感到困难重重,有时甚至完成后又推倒重来。

(二)选题的原则

1. 理论联系实际,注重现实意义

毕业论文的题材十分广泛,社会生活、经济建设、科学文化事业的各个方面、各个领域的问题,都可以成为论文的题目。马克思主义认识论告诉我们,理论来源于实践,理论为实践服务。因此科学研究的选题首先要注意理论联系实际。

2. 勤于思索,刻意求新

毕业论文成功与否、质量高低、价值大小,很大程度上取决于文章是否有新意。所谓新意,即论文中表现自己的新看法、新见解、新观点。

3. 知己知彼、难易适中

要选好毕业论文的题目,把握“适中”的原则是很重要的。首先,题目的难易要适中。其次,题目的大小要适度。此外,题目大小的区分也是相对的,并无绝对的、一成不变的界限。大题可以小作、小题也可以大作,这要根据作者的实际来确定。

(三)选题的方法

这里介绍两种常见的选题方法。

一是浏览捕捉法。这种方法就是通过对占有的文献资料快速、大量的阅读,在比较中确定题目的方法。浏览,一般是在资料占有达到一定数量时集中于一段时间进行,这样便于对资料作集中的比较和鉴别。浏览的目的是在咀嚼消化已有资料的过程中,提出问题,寻找自己的研究课题。

二是追溯验证法。这是一种先有拟想,然后再通过阅读资料加以验证并确定选题的方法。使用这种选题方法必须先有一定的想法,即根据自己平素的积累,初步确定准备研究的方向、题目或选题范围。但这种想法是否真正可行,还需按着拟想的研究方向,跟踪追溯。追溯验证的选题方法,是以主观的“拟想”为出发点,沿着一定方向对已有研究成果步步紧跟,一追到底,从中获得“一己之见”的方法。但这种主观的“拟想”绝不是“凭空想象”,必须以客观事实、客观需要等作为依据。

二、搜集资料

(一)毕业论文资料搜集的范围

撰写毕业论文必须详尽地占有资料,一篇五千字左右的论文写成,可能要搜集

几万、甚至几十万字的资料。资料是毕业论文写作的基础,“巧妇难为无米之炊”,没有资料,研究就无从着手,观点就无法成立,论文也就不可能形成。因此,详尽地占有资料是毕业论文写作之前的一项重要的工作。

毕业论文写作之前,至少应当占有以下五个方面的材料:

第一,第一手资料。第一手资料包括与论题直接有关的文字材料、数字材料(包括图表),譬如:统计材料、典型案例、经验总结等,还包括自己在亲自实践中取得的感性材料。

第二,他人的研究成果。即国内外对该课题学术研究的最新动态。

第三,边缘学科的材料。当今时代是信息时代,人类的知识体系呈现出大分化大融合的状态,传统学科的鸿沟分界逐渐被打破了,出现了令人眼花缭乱的分支学科及边缘学科。努力掌握边缘学科的材料,对于所要进行的学科研究、课题研究大有好处。

第四,名人的有关论述、有关政策文献等。名人的论述极具权威性,对准确有力地阐述论点大有益处。

第五,背景材料。搜集和研究背景材料,这有助于开阔思路,全面研究、提高论文的质量。

(二)资料搜集和分类的方法

搜集资料的方法很多,常用的主要有复印、做卡片、做笔记、剪贴报刊。

无论是用卡片收集资料,还是摘录资料,还是剪贴资料,都必须注明出处。如果是著作,则要注明作者、书名、出版单位、发行年月;如果是报纸,则要注明作者、篇名、版次、报纸名称、发行年月日;如果是杂志,则要注明作者、篇名、杂志名称、卷(期)号、页码等,以便附录在毕业论文的后面。对收集来的资料要认真阅读,仔细加以分类,进行研究。

三、选择论证方法

论证方法就是用一定的方法阐述自己的观点,或驳斥某观点,并加以证明,使自己的观点有了一个证明,或证明别的观点的错误。常见的方法有事实论证、比较论证等。

(一)事实论证

事实论证是运用真实、可靠、有代表性的事例证明论点,具体有力地证明中心论点,以增强文章的说服力。

(二)比较论证

比较论证通常分为三类:一是类比论证,二是对比论证,三是比喻论证。

1. 类比论证

类比论证是根据两个对象在某些属性上的相同或相似,推论两者在其他属性上也有相同或相似。类比论证是一种从特殊到特殊、从个别到个别的推理方式,在一定程度上有可靠性，应在表述上把握住分寸，不可绝对化。

2. 对比论证

对比论证是一种求异的思维方式，它侧重于从事物的相反或相异的属性的比较中来揭示需要论证的论点的本质。对比论证方式的运用范围很广，可以进行比较的事物很多，在比较中分析和阐明两者的差异确立论点。对比可以是两个对象之间的比较，也可以是同一对象自身前后不同阶段之间的比较，前者称为横向比较，后者称为纵向比较。

3. 比喻论证

这是用比喻作论证，拿比喻者之理去论证被比喻者（论题）之理。比喻者和被比喻者虽然是两类不同的事物，但在它们之间存在着一个共同的一般性原理，因此它们之间具有推理关系。比喻论证是以比喻者作论据去论证被比喻者（论题）的论证方式。

四、论文撰写

论文的撰写一般是在论文的结构框架下进行的。毕业论文的结构主要包括论文的题目、摘要、关键词、正文、参考文献、致谢、附录等部分。

（一）题目

题目应恰当、准确地反映本课题的研究内容。论文题目一般不应超过 20 字，可设副标题，如：《论当前国际货币体系的状况及成因》《赵树理小说人物绰号探析》。

（二）摘要

摘要应扼要叙述本论文的主要内容、特点，文字要精练，是一篇具有独立性和完整性的短文，应包括本论文的主要成果和结论性意见。摘要中不宜使用公式、图表，不标注引用文献编号，避免将摘要写成目录式的内容介绍。

中文摘要一般不超过 400 字。外文摘要应与中文摘要内容相同，语法、用词和书写应正确无误。

（三）关键词

关键词是供检索用的主题词条，应采用能覆盖论文主要内容的通用术语，一般列 3~5 个，按词条的外延层次从大到小排列。关键词应在摘要中出现。

（四）正文

正文包括绪论、主体、结论三部分。

1. 绪论

绪论在写作上包含下列内容：① 说明研究这一课题的理由、意义，要写得概括、简洁；② 提出问题，这是引言的核心部分，问题的提出要明确、具体，有时要写一点历史的回顾，关于这个课题，谁作了哪些研究，作者本人将有哪些补充、纠正或发展；③ 说明作者论证这一问题将要使用的方法；④ 如果论文篇幅较长，作者在绪论中还有必要对本论部分加以扼要、概括的介绍，或提示论述问题的结论。

2. 主体

论文主体是论文的主要部分，是对所选课题研究过程的文字性逻辑表述，是论文的最重要部分。其内容包括：① 问题的提出，研究工作的基本前提、假设和条件；② 模型的建立，实验方案的拟定；③ 基本概念和理论基础；④ 设计计算的主要方法和内容；⑤ 实验方法、内容及其分析；⑥ 理论论证，理论在课题中的应用，课题研究得出的结果，对结果的讨论，等等。学生根据毕业论文课题的性质，一般仅涉及上述一部分内容。

根据需要，正文可以分成几个部分来撰写，每一部分都有自己的标题。论文的主体应该结构合理，层次清楚，重点突出，文字简练、通顺。一般而言，论文的结构层次中，一级标题用"一、"，二级标题用"（二）"，三级标题用"1."，四级标题用"（1）"。

3. 结论

结论是毕业论文的收束部分，一般应包括下述内容：

一是论证得到的结果。这部分要对本论分析、论证的问题加以综合概括，引出基本论点，这是课题答案。这部分要写得简明扼要，使读者能明确了解作者独到见解之所在。值得注意的是，结论必须是引言中提出的、本论中论证的自然得出的结果。毕业论文最忌论证得不充分而妄下结论，要首尾贯一，形成一个严谨的、完善的逻辑环。

二是课题研究展望。个人的精力是有限的，尤其是作为学生，对某项课题的研究所能取得的成果也只能达到一定程度，而不可能是顶点。因此，在结论中最好还能提出本课题研究工作中的遗留问题，或者还需要进一步探讨的问题，以及可能的解决途径等。

论文的结论要突出论文的创新点，要写得概括、简短。

（五）参考文献

参考文献是指论文引用、参考的文献资料，包括引文出处和观点出处。参考文献著录采取顺序编码制，即按参考文献在正文中出现的先后顺序用带方括号的阿拉伯数序号顺序编码。同一文献被反复引用者用同一序号标示。参考文献列于文章末尾注释条目之后。引用文献的确切出处，如页码、卷数、章节、篇名等，以上标形式标注在正文中的参考文献序号后。

参考文献是论文不可缺少的组成部分，它反块论文的取材来源、材料的广博程度和材料的可靠程度，也反映作者对他人知识成果的承认和尊重。一份完整的参考文献是提供给读者的有价值的信息资料。论文中要注重引用近期发表的与论文工作直接有关的学术期刊类文献。

一般而言，毕业论文的参考文献不宜过少，对理工类论文而言，参考文献数量不少于 10 篇；对文科、管理类论文而言，参考文献数量不少于 15 篇。外文文献的数量由各专业根据具体情况确定。

参考文献主要格式如下：

（1）普通图书、论文集、资料汇编、学位论文、报告、参考工具书：

[序号] 主要责任者.文献题名[文献类型标志].次要责任者(任选).版本(任选).出版地：出版者，出版年.例如：

[1] 亚里士多德.诗学[M].罗念生，译.北京：人民文学出版社，1962.

（2）报纸：

[序号] 主要责任者.文献题名[文献类型标志].报纸题名，出版日期(版次).例如：

[2] 丁文祥.数字革命与竞争国际化[N].中国青年报，2000－11－20(15).

（3）期刊：

[序号] 主要责任者.文献题名[文献类型标志].期刊题名，年，卷(期)：起止页码.例如：

[3] 陈驰论.人权的宪法保障[J].四川师范大学学报(社会科学版)，2000，27(1)：1－9.

（4）标准：

[序号] 主要责任者(任选).标准编号，标准名称[文献类型标志].出版地(任选)：出版者(任选)，出版年(任选).例如：

[4] GB/T 7714－2005，文后参考文献著录规则[S].北京：中国标准出版社，2005.

（5）析出文献：

[序号] 析出文献责任者.析出文献题名[原文献类型标志]//原文献主要责任者(任选).原文献题名.出版地：出版者，出版年.例如：

[5] 韩吉人.论职工教育的特点[C]//中国职工教育研究会.职工教育研究论文集.北京：人民教育出版社，1985.

（6）电子文献：

[序号] 主要责任者.电子文献题名[电子文献及载体类型标志].发表或更新日期/引用日期(任选).获取和访问路径.例如：

[10] 刘江.假如陈景润被量化考核[N/OL].新华每日电讯，2004－03－12(7)[2004－04－04]. http://search,cnki.neVcc-nd/mainfiame.asp? encode = gh&display = Chinese.

[11] 萧任.出版业信息化迈人快车道[EB/OL].(2001－12－19)[2002－04－15]. http://www.creadercom/news/20011219/200112190019.html.

（7）外文文献：

所列项目及次序与中文文献相同，题名的首字母大写，期刊的刊名等可用全称或按 ISO 4 规定的缩写格式。

[12] CRAWFPRD W, GORMAN M. *Future libraries: dreams madness & reality* [M]. Chicago: American Library Association, 1995.

作者为多人时，一般只列出3名作者，后面加“等”，不同作者姓名间用逗号相隔。外文姓名按国际惯例，将作者名的缩写置前，作者姓置后。

学术会议若出版论文集者，可在会议名称后加上“论文集”字样。未出版论文集者省去“出版者”“出版年”两项。会议地址与出版地相同者省略“出版地”。会议年份与出版年相同者省略“出版年”。

学术刊物文献无卷号的可略去此项，直接写“年，(期)”。

参考文献序号顶格书写，不加括号与标点，其后空一格写作者名。序号应按文献在论文中的被引用顺序编排。换行时与作者名第一个字对齐。若同一文献中有多处被引用，则要写出相应引用页码，各起止页码间空一格，排列按引用顺序，不按页码顺序。

（六）致谢

对导师和给予指导或协助完成论文工作的组织和个人表示自己的谢意，这不仅是一种礼貌，也是对他人劳动的尊重，是治学者应有的思想作风。致谢内容应简洁明了、实事求是，避免俗套。

（七）附录

有些不宜放在正文中但有参考价值的内容，如外文文献复印件及中文译文、公式的推导、程序流程图、图纸、数据表格等，可编入论文的附录中。

五、论文修改

论文写成之后，自己必须用心修改。应按先整体后局部，先思路后材料的顺序进行。那种一挥而就，“文不加点”的做法，写一般文章都不可取，写论文就更不妥当了。在修改的过程中，要做到否定自己是不容易的，要用第三者的眼光，与作品保持一定的距离来客观地进行阅读，这样可能更易于发现问题。通过“调”使整篇文章的线索清楚、层次分明、结构合理，之后再进行段内的梳理。通过“补”，对疏漏、残缺之处加以补充，使文章更加全面完整。通过“增”，补充些材料，使文章变得具体、实在。通过“删”，对那些重复多余的语句删掉。通过“换”，把那些陈旧、平淡的材料换成新颖、生动的材料，尤其是那些陈旧、已被别人多次引用过的材料最好换掉，不妨重新在你的素材库中去搜索，找出新颖的材料。在写稿时，要能够钻进去；在修改时，要能跳出来；在写稿时，要“深信不疑”；在阅稿时，要“吹毛求疵”。甚至要把自己放到论敌的位置上，从鸡蛋里挑骨头，越“苛刻”越好。不能带着“自我欣赏”、不忍“割爱”的情绪去修改。

【写作训练】

1. 如何确立毕业论文的论题？

2. 在知网上任意阅读一篇论文，分析其结构特征。

附　录　一

党政机关公文处理工作条例

第一章　总　　则

第一条　为了适应中国共产党机关和国家行政机关（以下简称党政机关）工作需要，推进党政机关公文处理工作科学化、制度化、规范化，制定本条例。

第二条　本条例适用于各级党政机关公文处理工作。

第三条　党政机关公文是党政机关实施领导、履行职能、处理公务的具有特定效力和规范体式的文书，是传达贯彻党和国家方针政策，公布法规和规章，指导、布置和商洽工作，请示和答复问题，报告、通报和交流情况等的重要工具。

第四条　公文处理工作是指公文拟制、办理、管理等一系列相互关联、衔接有序的工作。

第五条　公文处理工作应当坚持实事求是、准确规范、精简高效、安全保密的原则。

第六条　各级党政机关应当高度重视公文处理工作，加强组织领导，强化队伍建设，设立文秘部门或者由专人负责公文处理工作。

第七条　各级党政机关办公厅（室）主管本机关的公文处理工作，并对下级机关的公文处理工作进行业务指导和督促检查。

第二章　公 文 种 类

第八条　公文种类主要有：

（一）决议。适用于会议讨论通过的重大决策事项。

（二）决定。适用于对重要事项作出决策和部署、奖惩有关单位和人员、变更或者撤销下级机关不适当的决定事项。

（三）命令（令）。适用于公布行政法规和规章、宣布施行重大强制性措施、批准授予和晋升衔级、嘉奖有关单位和人员。

（四）公报。适用于公布重要决定或者重大事项。

（五）公告。适用于向国内外宣布重要事项或者法定事项。

（六）通告。适用于在一定范围内公布应当遵守或者周知的事项。

（七）意见。适用于对重要问题提出见解和处理办法。

（八）通知。适用于发布、传达要求下级机关执行和有关单位周知或者执行的事项，批转、转发公文。

（九）通报。适用于表彰先进、批评错误、传达重要精神和告知重要情况。

（十）报告。适用于向上级机关汇报工作、反映情况，回复上级机关的询问。

（十一）请示。适用于向上级机关请求指示、批准。

（十二）批复。适用于答复下级机关请示事项。

（十三）议案。适用于各级人民政府按照法律程序向同级人民代表大会或者人民代表大会常务委员会提请审议事项。

（十四）函。适用于不相隶属机关之间商洽工作、询问和答复问题、请求批准和答复审批事项。

（十五）纪要。适用于记载会议主要情况和议定事项。

第三章 公文格式

第九条 公文一般由份号、密级和保密期限、紧急程度、发文机关标志、发文字号、签发人、标题、主送机关、正文、附件说明、发文机关署名、成文日期、印章、附注、附件、抄送机关、印发机关和印发日期、页码等组成。

（一）份号。公文印制份数的顺序号。涉密公文应当标注份号。

（二）密级和保密期限。公文的秘密等级和保密的期限。涉密公文应当根据涉密程度分别标注“绝密”“机密”“秘密”和保密期限。

（三）紧急程度。公文送达和办理的时限要求。根据紧急程度，紧急公文应当分别标注“特急”“加急”，电报应当分别标注“特提”“特急”“加急”“平急”。

（四）发文机关标志。由发文机关全称或者规范化简称加“文件”二字组成，也可以使用发文机关全称或者规范化简称。联合行文时，发文机关标志可以并用联合发文机关名称，也可以单独用主办机关名称。

（五）发文字号。由发文机关代字、年份、发文顺序号组成。联合行文时，使用主办机关的发文字号。

（六）签发人。上行文应当标注签发人姓名。

（七）标题。由发文机关名称、事由和文种组成。

（八）主送机关。公文的主要受理机关，应当使用机关全称、规范化简称或者同类型机关统称。

（九）正文。公文的主体，用来表述公文的内容。

（十）附件说明。公文附件的顺序号和名称。

（十一）发文机关署名。署发文机关全称或者规范化简称。

（十二）成文日期。署会议通过或者发文机关负责人签发的日期。联合行文时，署最后签发机关负责人签发的日期。

（十三）印章。公文中有发文机关署名的，应当加盖发文机关印章，并与署名机关相符。有特定发文机关标志的普发性公文和电报可以不加盖印章。

（十四）附注。公文印发传达范围等需要说明的事项。

（十五）附件。公文正文的说明、补充或者参考资料。

（十六）抄送机关。除主送机关外需要执行或者知晓公文内容的其他机关，应当使用机关全称、规范化简称或者同类型机关统称。

（十七）印发机关和印发日期。公文的送印机关和送印日期。

（十八）页码。公文页数顺序号。

第十条 公文的版式按照《党政机关公文格式》国家标准执行。

第十一条 公文使用的汉字、数字、外文字符、计量单位和标点符号等，按照有关国家标准和规定执行。民族自治地方的公文，可以并用汉字和当地通用的少数民族文字。

第十二条 公文用纸幅面采用国际标准 A4 型。特殊形式的公文用纸幅面，根据实际需要确定。

第四章 行文规则

第十三条 行文应当确有必要，讲求实效，注重针对性和可操作性。

第十四条 行文关系根据隶属关系和职权范围确定。一般不得越级行文，特殊情况需要越级行文的，应当同时抄送被越过的机关。

第十五条 向上级机关行文，应当遵循以下规则：

（一）原则上主送一个上级机关，根据需要同时抄送相关上级机关和同级机关，不抄送下级机关。

（二）党委、政府的部门向上级主管部门请示、报告重大事项，应当经本级党委、政府同意或者授权；属于部门职权范围内的事项应当直接报送上级主管部门。

（三）下级机关的请示事项，如需以本机关名义向上级机关请示，应当提出倾向性意见后上报，不得原文转报上级机关。

（四）请示应当一文一事。不得在报告等非请示性公文中夹带请示事项。

（五）除上级机关负责人直接交办事项外，不得以本机关名义向上级机关负责人报送公文，不得以本机关负责人名义向上级机关报送公文。

（六）受双重领导的机关向一个上级机关行文，必要时抄送另一个上级机关。

第十六条 向下级机关行文，应当遵循以下规则：

（一）主送受理机关，根据需要抄送相关机关。重要行文应当同时抄送发文机关的直接上级机关。

（二）党委、政府的办公厅（室）根据本级党委、政府授权，可以向下级党委、政府行文，其他部门和单位不得向下级党委、政府发布指令性公文或者在公文中向下级党委、政府提出指令性要求。需经政府审批的具体事项，经政府同意后可以由政府职能部门行文，文中须注明已经政府同意。

（三）党委、政府的部门在各自职权范围内可以向下级党委、政府的相关部门行文。

（四）涉及多个部门职权范围内的事务，部门之间未协商一致的，不得向下行文；擅自行文的，上级机关应当责令其纠正或者撤销。

（五）上级机关向受双重领导的下级机关行文，必要时抄送该下级机关的另一个上级机关。

第十七条 同级党政机关、党政机关与其他同级机关必要时可以联合行文。属于党委、政府各自职权范围内的工作，不得联合行文。

党委、政府的部门依据职权可以相互行文。

部门内设机构除办公厅（室）外不得对外正式行文。

第五章 公文拟制

第十八条 公文拟制包括公文的起草、审核、签发等程序。

第十九条 公文起草应当做到：

（一）符合国家法律法规和党的路线方针政策，完整准确体现发文机关意图，并同现行有关公文相衔接。

（二）一切从实际出发，分析问题实事求是，所提政策措施和办法切实可行。

（三）内容简洁，主题突出，观点鲜明，结构严谨，表述准确，文字精练。

（四）文种正确，格式规范。

（五）深入调查研究，充分进行论证，广泛听取意见。

（六）公文涉及其他地区或者部门职权范围内的事项，起草单位必须征求相关地区或者部门意见，力求达成一致。

（七）机关负责人应当主持、指导重要公文起草工作。

第二十条 公文文稿签发前，应当由发文机关办公厅（室）进行审核。审核的重点是：

（一）行文理由是否充分，行文依据是否准确。

（二）内容是否符合国家法律法规和党的路线方针政策；是否完整准确体现发文机关意图；是否同现行有关公文相衔接；所提政策措施和办法是否切实可行。

（三）涉及有关地区或者部门职权范围内的事项是否经过充分协商并达成一致意见。

（四）文种是否正确，格式是否规范；人名、地名、时间、数字、段落顺序、引文等是否准确；文字、数字、计量单位和标点符号等用法是否规范。

(五) 其他内容是否符合公文起草的有关要求。

需要发文机关审议的重要公文文稿，审议前由发文机关办公厅(室)进行初核。

第二十一条 经审核不宜发文的公文文稿，应当退回起草单位并说明理由；符合发文条件但内容需作进一步研究和修改的，由起草单位修改后重新报送。

第二十二条 公文应当经本机关负责人审批签发。重要公文和上行文由机关主要负责人签发。党委、政府的办公厅(室)根据党委、政府授权制发的公文，由受权机关主要负责人签发或者按照有关规定签发。签发人签发公文，应当签署意见、姓名和完整日期；圈阅或者签名的，视为同意。联合发文由所有联署机关的负责人会签。

第六章 公文办理

第二十三条 公文办理包括收文办理、发文办理和整理归档。

第二十四条 收文办理主要程序是：

(一) 签收。对收到的公文应当逐件清点，核对无误后签字或者盖章，并注明签收时间。

(二) 登记。对公文的主要信息和办理情况应当详细记载。

(三) 初审。对收到的公文应当进行初审。初审的重点是：是否应当由本机关办理，是否符合行文规则，文种、格式是否符合要求，涉及其他地区或者部门职权范围内的事项是否已经协商、会签，是否符合公文起草的其他要求。经初审不符合规定的公文，应当及时退回来文单位并说明理由。

(四) 承办。阅知性公文应当根据公文内容、要求和工作需要确定范围后分送。批办性公文应当提出拟办意见报本机关负责人批示或者转有关部门办理；需要两个以上部门办理的，应当明确主办部门。紧急公文应当明确办理时限。承办部门对交办的公文应当及时办理，有明确办理时限要求的应当在规定时限内办理完毕。

(五) 传阅。根据领导批示和工作需要将公文及时送传阅对象阅知或者批示。办理公文传阅应当随时掌握公文去向，不得漏传、误传、延误。

(六) 催办。及时了解掌握公文的办理进展情况，督促承办部门按期办结。紧急公文或者重要公文应当由专人负责催办。

(七) 答复。公文的办理结果应当及时答复来文单位，并根据需要告知相关单位。

第二十五条 发文办理主要程序是：

(一) 复核。已经发文机关负责人签批的公文，印发前应当对公文的审批手续、内容、文种、格式等进行复核；需作实质性修改的，应当报原签批人复审。

(二) 登记。对复核后的公文，应当确定发文字号、分送范围和印制份数并详细记载。

（三）印制。公文印制必须确保质量和时效。涉密公文应当在符合保密要求的场所印制。

（四）核发。公文印制完毕，应当对公文的文字、格式和印刷质量进行检查后分发。

第二十六条　涉密公文应当通过机要交通、邮政机要通信、城市机要文件交换站或者收发件机关机要收发人员进行传递，通过密码电报或者符合国家保密规定的计算机信息系统进行传输。

第二十七条　需要归档的公文及有关材料，应当根据有关档案法律法规以及机关档案管理规定，及时收集齐全、整理归档。两个以上机关联合办理的公文，原件由主办机关归档，相关机关保存复制件。机关负责人兼任其他机关职务的，在履行所兼职务过程中形成的公文，由其兼职机关归档。

第七章　公文管理

第二十八条　各级党政机关应当建立健全本机关公文管理制度，确保管理严格规范，充分发挥公文效用。

第二十九条　党政机关公文由文秘部门或者专人统一管理。设立党委（党组）的县级以上单位应当建立机要保密室和机要阅文室，并按照有关保密规定配备工作人员和必要的安全保密设施设备。

第三十条　公文确定密级前，应当按照拟定的密级先行采取保密措施。确定密级后，应当按照所定密级严格管理。绝密级公文应当由专人管理。

公文的密级需要变更或者解除的，由原确定密级的机关或者其上级机关决定。

第三十一条　公文的印发传达范围应当按照发文机关的要求执行；需要变更的，应当经发文机关批准。

涉密公文公开发布前应当履行解密程序。公开发布的时间、形式和渠道，由发文机关确定。

经批准公开发布的公文，同发文机关正式印发的公文具有同等效力。

第三十二条　复制、汇编机密级、秘密级公文，应当符合有关规定并经本机关负责人批准。绝密级公文一般不得复制、汇编，确有工作需要的，应当经发文机关或者其上级机关批准。

复制、汇编的公文视同原件管理。复制件应当加盖复制机关戳记。翻印件应当注明翻印的机关名称、日期。汇编本的密级按照编入公文的最高密级标注。

第三十三条　公文的撤销和废止，由发文机关、上级机关或者权力机关根据职权范围和有关法律法规决定。公文被撤销的，视为自始无效；公文被废止的，视为自废止之日起失效。

第三十四条　涉密公文应当按照发文机关的要求和有关规定进行清退或者销毁。

第三十五条 不具备归档和保存价值的公文，经批准后可以销毁。销毁涉密公文必须严格按照有关规定履行审批登记手续，确保不丢失、不漏销。个人不得私自销毁、留存涉密公文。

第三十六条 机关合并时，全部公文应当随之合并管理；机关撤销时，需要归档的公文经整理后按照有关规定移交档案管理部门。

工作人员离岗离职时，所在机关应当督促其将暂存、借用的公文按照有关规定移交、清退。

第三十七条 新设立的机关应当向本级党委、政府的办公厅（室）提出发文立户申请。经审查符合条件的，列为发文单位，机关合并或者撤销时，相应进行调整。

第八章 附 则

第三十八条 党政机关公文含电子公文。电子公文处理工作的具体办法另行制定。

第三十九条 法规、规章方面的公文，依照有关规定处理。外事方面的公文，依照外事主管部门的有关规定处理。

第四十条 其他机关和单位的公文处理工作，可以参照本条例执行。

第四十一条 本条例由中共中央办公厅、国务院办公厅负责解释。

第四十二条 本条例自 2012 年 7 月 1 日起施行。1996 年 5 月 3 日中共中央办公厅发布的《中国共产党机关公文处理条例》和 2000 年 8 月 24 日国务院发布的《国家行政机关公文处理办法》停止执行。

附　录　二

党政机关公文格式

（GB/T 9704—2012）

1　范围

本标准规定了党政机关公文通用的纸张要求、排版和印制装订要求、公文格式各要素的编排规则，并给出了公文的式样。

本标准适用于各级党政机关制发的公文。其他机关和单位的公文可以参照执行。

使用少数民族文字印制的公文，其用纸、幅面尺寸及版面、印制等要求按照本标准执行，其余可以参照本标准并按照有关规定执行。

2　规范性引用文件

下列文件对于本标准的应用是必不可少的。凡是注日期的引用文件，仅所注日期的版本适用于本标准。凡是不注日期的引用文件，其最新版本（包括所有的修改单）适用于本标准。

GB/T 148　印刷、书写和绘图纸幅面尺寸

GB 3100　国际单位制及其应用

GB 3101　有关量、单位和符号的一般原则

GB 3102（所有部分）　量和单位

GB/T 15834　标点符号用法

GB/T 15835　出版物上数字用法

3　术语和定义

下列术语和定义适用于本标准。

3.1

字　word

标示公文中横向距离的长度单位。在本标准中，一字指一个汉字宽度的距离。

3.2

行　line

标示公文中纵向距离的长度单位。在本标准中，一行指一个汉字的高度加3号汉字高度的7/8的距离。

4 公文用纸主要技术指标

公文用纸一般使用纸张定量为60 g/m^2~80 g/m^{2}的胶版印刷纸或复印纸。纸张白度80%~90%，横向耐折度≥15次，不透明度≥85%，pH值为7.5~9.5。

5 公文用纸幅面尺寸及版面要求

5.1 幅面尺寸

公文用纸采用GB/T 148中规定的A4型纸，其成品幅面尺寸为：210 mm×297 mm。

5.2 版面

5.2.1 页边与版心尺寸

公文用纸天头（上白边）为37 mm±1 mm，公文用纸订口（左白边）为28 mm±1 mm，版心尺寸为156 mm×225 mm。

5.2.2 字体和字号

如无特殊说明，公文格式各要素一般用3号仿宋体字。特定情况可以作适当调整。

5.2.3 行数和字数

一般每面排22行，每行排28个字，并撑满版心。特定情况可以作适当调整。

5.2.4 文字的颜色

如无特殊说明，公文中文字的颜色均为黑色。

6 印制装订要求

6.1 制版要求

版面干净无底灰，字迹清楚无断划，尺寸标准，版心不斜，误差不超过1 mm。

6.2 印刷要求

双面印刷；页码套正，两面误差不超过2 mm。黑色油墨应当达到色谱所标BL100%，红色油墨应当达到色谱所标Y80%、M80%。印品着墨实、均匀；字面不花、不白、无断划。

6.3 装订要求

公文应当左侧装订，不掉页，两页页码之间误差不超过4 mm，裁切后的成品尺寸允许误差±2 mm，四角成90°，无毛茬或缺损。

骑马订或平订的公文应当：

a）订位为两钉外订眼距版面上下边缘各70 mm处，允许误差±4 mm；

b）无坏钉、漏钉、重钉，钉脚平伏牢固；

c）骑马订钉锯均订在折缝线上，平订钉锯与书脊间的距离为3 mm~5 mm。

包本装订公文的封皮（封面、书脊、封底）与书芯应吻合、包紧、包平、不脱落。

7 公文格式各要素编排规则

7.1 公文格式各要素的划分

本标准将版心内的公文格式各要素划分为版头、主体、版记三部分。公文首页红色分隔线以上的部分称为版头；公文首页红色分隔线（不含）以下、公文末页首条分隔线（不含）以上的部分称为主体；公文末页首条分隔线以下、末条分隔线以上的部分称为版记。

页码位于版心外。

7.2 版头

7.2.1 份号

如需标注份号，一般用6位3号阿拉伯数字，顶格编排在版心左上角第一行。

7.2.2 密级和保密期限

如需标注密级和保密期限，一般用3号黑体字，顶格编排在版心左上角第二行；保密期限中的数字用阿拉伯数字标注。

7.2.3 紧急程度

如需标注紧急程度，一般用3号黑体字，顶格编排在版心左上角；如需同时标注份号、密级和保密期限、紧急程度，按照份号、密级和保密期限、紧急程度的顺序自上而下分行排列。

7.2.4 发文机关标志

由发文机关全称或者规范化简称加“文件”二字组成，也可以使用发文机关全称或者规范化简称。

发文机关标志居中排布，上边缘至版心上边缘为35 mm，推荐使用小标宋体字，颜色为红色，以醒目、美观、庄重为原则。

联合行文时，如需同时标注联署发文机关名称，一般应当将主办机关名称排列在前；如有“文件”二字，应当置于发文机关名称右侧，以联署发文机关名称为准上下居中排布。

7.2.5 发文字号

编排在发文机关标志下空二行位置，居中排布。年份、发文顺序号用阿拉伯数字标注；年份应标全称，用六角括号“〔〕”括入；发文顺序号不加“第”字，不编虚位（即1不编为01），在阿拉伯数字后加“号”字。

上行文的发文字号居左空一字编排，与最后一个签发人姓名处在同一行。

7.2.6 签发人

由“签发人”三字加全角冒号和签发人姓名组成，居右空一字，编排在发文机关标志下空二行位置。“签发人”三字用3号仿宋体字，签发人姓名用3号楷体字。

如有多个签发人，签发人姓名按照发文机关的排列顺序从左到右、自上而下依次均匀编排，一般每行排两个姓名，回行时与上一行第一个签发人姓名对齐。

7.2.7 版头中的分隔线

发文字号之下 4 mm 处居中印一条与版心等宽的红色分隔线。

7.3 主体

7.3.1 标题

一般用 2 号小标宋体字，编排于红色分隔线下空二行位置，分一行或多行居中排布；回行时，要做到词意完整，排列对称，长短适宜，间距恰当，标题排列应当使用梯形或菱形。

7.3.2 主送机关

编排于标题下空一行位置，居左顶格，回行时仍顶格，最后一个机关名称后标全角冒号。如主送机关名称过多导致公文首页不能显示正文时，应当将主送机关名称移至版记，标注方法见 7.4.2。

7.3.3 正文

公文首页必须显示正文。一般用 3 号仿宋体字，编排于主送机关名称下一行，每个自然段左空二字，回行顶格。文中结构层次序数依次可以用“一、”“（一）”“1.”“（1）”标注；一般第一层用黑体字、第二层用楷体字、第三层和第四层用仿宋体字标注。

7.3.4 附件说明

如有附件，在正文下空一行左空二字编排“附件”二字，后标全角冒号和附件名称。如有多个附件，使用阿拉伯数字标注附件顺序号（如“附件：1. ×××××”）；附件名称后不加标点符号。附件名称较长需回行时，应当与上一行附件名称的首字对齐。

7.3.5 发文机关署名、成文日期和印章

7.3.5.1 加盖印章的公文

成文日期一般右空四字编排，印章用红色，不得出现空白印章。

单一机关行文时，一般在成文日期之上、以成文日期为准居中编排发文机关署名，印章端正、居中下压发文机关署名和成文日期，使发文机关署名和成文日期居印章中心偏下位置，印章顶端应当上距正文（或附件说明）一行之内。

联合行文时，一般将各发文机关署名按照发文机关顺序整齐排列在相应位置，并将印章一一对应、端正、居中下压发文机关署名，最后一个印章端正、居中下压发文机关署名和成文日期，印章之间排列整齐、互不相交或相切，每排印章两端不得超出版心，首排印章顶端应当上距正文（或附件说明）一行之内。

7.3.5.2 不加盖印章的公文

单一机关行文时，在正文（或附件说明）下空一行右空二字编排发文机关署名，在发文机关署名下一行编排成文日期，首字比发文机关署名首字右移二字，如成文日期长于发文机关署名，应当使成文日期右空二字编排，并相应增加发文机关署名右空字数。

联合行文时，应当先编排主办机关署名，其余发文机关署名依次向下编排。

7.3.5.3 加盖签发人签名章的公文

单一机关制发的公文加盖签发人签名章时，在正文（或附件说明）下空二行右空四字加盖签发人签名章，签名章左空二字标注签发人职务，以签名章为准上下居中排布。在签发人签名章下空一行右空四字编排成文日期。

联合行文时，应当先编排主办机关签发人职务、签名章，其余机关签发人职务、签名章依次向下编排，与主办机关签发人职务、签名章上下对齐；每行只编排一个机关的签发人职务、签名章；签发人职务应当标注全称。

签名章一般用红色。

7.3.5.4 成文日期中的数字

用阿拉伯数字将年、月、日标全，年份应标全称，月、日不编虚位（即 1 不编为 01）。

7.3.5.5 特殊情况说明

当公文排版后所剩空白处不能容下印章或签发人签名章、成文日期时，可以采取调整行距、字距的措施解决。

7.3.6 附注

如有附注，居左空二字加圆括号编排在成文日期下一行。

7.3.7 附件

附件应当另面编排，并在版记之前，与公文正文一起装订。“附件”二字及附件顺序号用 3 号黑体字顶格编排在版心左上角第一行。附件标题居中编排在版心第三行。附件顺序号和附件标题应当与附件说明的表述一致。附件格式要求同正文。

如附件与正文不能一起装订，应当在附件左上角第一行顶格编排公文的发文字号并在其后标注“附件”二字及附件顺序号。

7.4 版记

7.4.1 版记中的分隔线

版记中的分隔线与版心等宽，首条分隔线和末条分隔线用粗线（推荐高度为 0.35 mm），中间的分隔线用细线（推荐高度为 0.25 mm）。首条分隔线位于版记中第一个要素之上，末条分隔线与公文最后一面的版心下边缘重合。

7.4.2 抄送机关

如有抄送机关，一般用 4 号仿宋体字，在印发机关和印发日期之上一行、左右各空一字编排。“抄送”二字后加全角冒号和抄送机关名称，回行时与冒号后的首字对齐，最后一个抄送机关名称后标句号。

如需把主送机关移至版记，除将“抄送”二字改为“主送”外，编排方法同抄送机关。既有主送机关又有抄送机关时，应当将主送机关置于抄送机关之上一行，之间不加分隔线。

7.4.3　印发机关和印发日期

印发机关和印发日期一般用4号仿宋体字，编排在末条分隔线之上，印发机关左空一字，印发日期右空一字，用阿拉伯数字将年、月、日标全，年份应标全称，月、日不编虚位（即1不编为01），后加“印发”二字。

版记中如有其他要素，应当将其与印发机关和印发日期用一条细分隔线隔开。

7.5　页码

一般用4号半角宋体阿拉伯数字，编排在公文版心下边缘之下，数字左右各放一条一字线；一字线上距版心下边缘7 mm。单页码居右空一字，双页码居左空一字。公文的版记页前有空白页的，空白页和版记页均不编排页码。公文的附件与正文一起装订时，页码应当连续编排。

8　公文中的横排表格

A4纸型的表格横排时，页码位置与公文其他页码保持一致，单页码表头在订口一边，双页码表头在切口一边。

9　公文中计量单位、标点符号和数字的用法

公文中计量单位的用法应当符合GB 3100、GB 3101和GB 3102（所有部分），标点符号的用法应当符合GB/T 15834，数字用法应当符合GB/T 15835。

10　公文的特定格式

10.1　信函格式

发文机关标志使用发文机关全称或者规范化简称，居中排布，上边缘至上页边为30 mm，推荐使用红色小标宋体字。联合行文时，使用主办机关标志。

发文机关标志下4 mm处印一条红色双线（上粗下细），距下页边20 mm处印一条红色双线（上细下粗），线长均为170 mm，居中排布。

如需标注份号、密级和保密期限、紧急程度，应当顶格居版心左边缘编排在第一条红色双线下，按照份号、密级和保密期限、紧急程度的顺序自上而下分行排列，第一个要素与该线的距离为3号汉字高度的7/8。

发文字号顶格居版心右边缘编排在第一条红色双线下，与该线的距离为3号汉字高度的7/8。

标题居中编排，与其上最后一个要素相距二行。

第二条红色双线上一行如有文字，与该线的距离为3号汉字高度的7/8。

首页不显示页码。

版记不加印发机关和印发日期、分隔线，位于公文最后一面版心内最下方。

10.2　命令（令）格式

发文机关标志由发文机关全称加“命令”或“令”字组成，居中排布，上边缘至版心上边缘为20 mm，推荐使用红色小标宋体字。

发文机关标志下空二行居中编排令号，令号下空二行编排正文。

签发人职务、签名章和成文日期的编排见7.3.5.3。

10.3 纪要格式

纪要标志由“××××纪要”组成，居中排布，上边缘至版心上边缘为35 mm，推荐使用红色小标宋体字。

标注出席人员名单，一般用3号黑体字，在正文或附件说明下空一行左空二字编排“出席”二字，后标全角冒号，冒号后用3号仿宋体字标注出席人单位、姓名，回行时与冒号后的首字对齐。

标注请假和列席人员名单，除依次另起一行并将“出席”二字改为“请假”或“列席”外，编排方法同出席人员名单。

纪要格式可以根据实际制定。

附 录 三

毕业论文的答辩

一、毕业论文答辩前的准备

毕业论文答辩是一种有组织、有准备、有计划、有鉴定的比较正规的审查论文的重要形式。

答辩前的准备中，最重要的是答辩者的准备。是否能保证论文答辩的质量和效果，关键在答辩人一边，在提交了论文之后，答辩人应抓紧时间积极准备论文答辩。答辩人在答辩之前应该从以下方面去准备。

（1）写好毕业论文的简介。主要内容应包括论文的题目，指导教师姓名，选择该题目的动机，论文的主要论点、论据，写作体会，以及本论题的理论意义和实践意义。

（2）熟悉自己所写论文的全文，尤其是要熟悉主体部分和结论部分的内容，明确论文的基本观点和立论的基本依据；熟悉论文中所使用的主要概念的确切含义、所运用的基本原理的主要内容；仔细审查、反复推敲文章中有无自相矛盾或模糊不清的地方，有无与党的政策方针相冲突之处等。如发现有问题，就要做好充分准备，进行修改。

（3）了解和掌握与自己所写论文相关联的知识和材料，如自己所研究的这个论题学术界的研究已经达到了什么程度，目前存在着哪些争议，有几种代表性观点，各有哪些代表性著作和文章，自己倾向哪种观点及理由，重要引文的出处和版本，论证材料的来源渠道，等等。对这些方面的知识和材料都要在答辩前有较好的了解和掌握。

（4）了解论文还有哪些应该涉及或解决，但因力所不及而未能接触的问题；掌握还有哪些在论文中未涉及或很少涉及，而研究过程中确已接触到并有一定的见解，只是由于觉得与论文表述的中心关联不大而没有写入的内容。

（5）搞清楚哪些观点继承或借鉴了他人的研究成果，哪些是自己的创新观点，这些新观点、新见解是怎么形成的。

对上述内容,答辩人在答辩前都要很好地准备,经过思考、整理,写成提纲,记在脑中,这样在答辩时就可以做到心中有数,从容作答。

二、毕业论文答辩的过程

毕业论文答辩的一般程序如下:

(1) 答辩人必须在论文答辩会举行之前,将经过指导老师审定并签署过意见的毕业论文一式三份,连同提纲、草稿等交给答辩委员会,答辩委员会的答辩主席在仔细研读毕业论文的基础上,拟出要提问的问题,然后举行答辩会。

(2) 在答辩会上,答辩人用5分钟左右的时间概述:① 自己为什么选择了这个题目;② 自己对这个课题有何新发展;③ 论文的基本观点及基本发展的过程,立论的主要依据;④ 重要的引文、版本、出处;⑤ 论文还有哪些应该涉及或解决,但又力所不能及的问题。

(3) 主答辩老师提问。主答辩老师一般提三个问题,一般要求答辩人当场立即作出回答,随问随答。问答可以是对话式的,也可以是主答辩老师一次性提出三个问题,答辩人在听清楚记下来后,按顺序逐一作出回答。根据答辩人回答的具体情况,主答辩老师和其他答辩老师可以随时进行适当的插问。

(4) 答辩人逐一回答完所有问题后退场,答辩委员会根据论文质量和答辩情况,商定通过还是不通过,并拟定成绩和评语。

(5) 召回答辩人,由答辩委员会主席当面向答辩人就论文和答辩过程中的情况进行总结,肯定其优点和长处,指出其错误或不足之处,并加以补充和指点,同时当面向论文作者宣布通过或不通过。论文的成绩,一般不当场宣布。

三、答辩人要注意的问题

答辩人要顺利通过答辩,并在答辩时真正发挥出自己的水平,除在答辩前充分作好准备外,还需要了解和掌握答辩的要领和注意事项。

(一) 携带必要的资料和用品

首先,答辩人参加答辩会,要携带论文的底稿和主要参考资料。其次,还应带上笔和笔记本,以便把答辩老师所提出的问题和有价值的意见、见解记录下来。

(二) 要有自信心,不要紧张

在作了充分准备的基础上,大可不必紧张,要有自信心。树立信心、消除紧张慌乱心理很重要,过度的紧张会使本来可以回答出来的问题也答不上来。只有充满自信,沉着冷静,才会在答辩时有良好的表现。

(三) 听清问题后经过思考再作回答

主答辩老师在提问题时,答辩人要集中注意力认真聆听,并将问题回答略记在本子上,仔细推敲主答辩老师所提问题的关键和本质是什么,切忌未弄清题意就匆忙作答。如果对所提问题没有弄清楚,可以请提问老师再说一遍。如果对问题中的有些概念不太理解,可以请提问老师作些解释,或者把自己对问题的理解说出来,并问清是不是这个意思,等得到答复后再作回答。这样才能避免答非所问。

(四)回答问题要简明扼要、层次分明

在弄清了主答辩老师所提问题的确切含义后,要在较短的时间内作出反应,要充满自信地以流畅的语言和肯定的语气把自己的想法讲述出来,不要犹犹豫豫。回答问题,一是要抓住关键,简明扼要,不要东拉西扯,使人听后不得要领;二是回答问题力求客观、全面、辩证,留有余地,切忌把话说死;三是要条分缕析,层次分明。此外还要注意吐字清晰、音量适中等。

(五)对回答不出的问题,不可强辩

有时答辩委员会的老师对答辩人所作的回答不太满意,还会进一步提出问题,以求了解答辩人是否切实搞清和掌握了这个问题。遇到这种情况,答辩人如果有把握讲清,就可以申明理由进行答辩;如果不太有把握,可以审慎地试着回答,能回答多少就回答多少,即使讲得不很确切也不要紧,只要与问题有所关联,老师会引导和启发你切入正题;如果确是自己没有搞清的问题,就应该实事求是地讲明自己对这个问题还没有搞清楚,表示今后一定认真研究这个问题,切不可强词夺理,进行狡辩。我们应该明白:在答辩会上,被某个问题问住是不奇怪的,因为答辩委员会成员一般是本学科的专家,对他们提出来的某个问题答不上来是很自然的。

(六)当论文中的主要观点与答辩老师的观点相左时,可以与之展开辩论

答辩中,有时答辩老师会提出与你的论文中基本观点不同的观点,然后请你谈谈看法,此时就应全力为自己的观点辩护,反驳与自己观点相对立的观点。在答辩老师提问的问题中,有的是基础知识性的问题,有的是学术探讨性的问题,前一类问题,是要你作出正确、全面的回答,不具有商讨性。而后一类问题,是非正误并未定论,持有不同观点的人可以互相切磋商讨。如果你所写的论文的基本观点是经过深思熟虑,又是言之有理、持之有据、能自圆其说的,就不要因为答辩委员会老师提出不同的见解就放弃自己的观点。否则,就等于否定了自己辛辛苦苦写成的论文。因为有的答辩老师提出的与你论文相左的观点并不是他本人的观点,他提出来无非是想听听你对这种观点的评价和看法,或者是考查你的应变能力或你对自己观点的坚定程度。

(七)要讲文明礼貌

论文答辩的过程也是学术思想交流的过程。答辩人应把它看成向答辩老师和专家学习、请教的好机会。因此,在整个答辩过程中,答辩人应该尊重答辩委员会的老师,言行举止要讲文明、有礼貌,尤其是在答辩老师提出的问题难以回答,或答辩老师的观点与自己的观点相左时,更应该注意。答辩结束后,无论答辩情况如何,都要从容、有礼貌地退场。

此外,在毕业论文答辩之后,答辩人应该认真听取答辩委员会的评判,进一步分析、思考老师提出的意见，总结论文写作的经验教训。同时，要认真思考论文答辩会上老师们提出的问题和意见，加深研究，精心修改自己的论文，求得纵深发展，取得更好的成绩，使自己在知识上、能力上有所提高。

（八）注意答辩纪律

在答辩会场中要保持肃静，不得喧哗，关闭手机或将其调整成振动状态，参加旁听的学生不得向答辩学生传纸条、打手势。

答辩顺序经抽签确定后，不得随意调换。进入会场要准时，超过 15 分钟未到者，取消答辩资格。学生要听从主持人的安排，答辩时不得提及指导教师的姓名。

参 考 文 献

[1] 饶士奇.公文写作与处理[M].沈阳：辽宁教育出版社,2004.
[2] 张保忠.公文写作格式与技巧[M].广州：广东经济出版社,2002.
[3] 丁晓昌,冒志祥,胡元德.应用写作学[M].南京：南京师范大学出版社,2009.
[4] 文博.新编机关办公室文秘写作与范例全书[M].北京：中国纺织出版社,2010.
[5] 师尼罗.新编实用公文写作指导与训练[M].北京：中国人事出版社,2000.
[6] 闵庚尧.应用写作习题集[M].北京：经济科学出版社,2002.
[7] 陆亚萍,詹丹,张彪.应用文写作教程[M].上海：复旦大学出版社,2008.
[8] 徐中玉.应用文写作[M].5 版.北京：高等教育出版社,2016.
[9] 毛克强.基础与应用写作实训教程[M].北京：光明日报出版社,2014.

后　记

应用写作教学是一种素质教育,在整个高等教育中有着重要位置,它不只是对应用文体与格式的训练,更是一种创造性教学,落脚点在于培养学生分析问题、解决问题的写作思维能力,以便使其更好地适应当下快速变化的社会生活。应用写作能力已成为每位大学生步入社会后的必备能力之一。

写作课从 20 世纪 80 年代开始在全国高校开设。1994 年,宜宾学院的“写作”被评为四川省省级重点课程;2006 年,“写作学”被评为四川省省级精品课程;2016 年,“商务与政务写作”被评为四川省首批创新创业示范课(通识教育类);2019 年,课程组再次对教学内容进行优化重组,将“政务与商务写作”课程建设为在线课程,在智慧树平台上线运行,面向全国高校学生开课,有贵州大学、苏州大学、天津体育学院、浙江警察学院、内蒙古大学、陕西学前教育师范学院等 20 余所高校选择了“政务与商务写作”在线课程。2020 年“写作”课被评为四川省应用型示范课程。

在数十年写作教学经验积累基础上,课程组先后出版了五部教材。本教材在 2014 年出版的《基础与实用写作实训教程》(毛克强主编)的基础上,对应用写作部分的教学内容进行了增删整理,理论讲述力求简洁明了,案例选取更加注重时代性、典型性,目的在于帮助大学生尽快掌握应用写作的基本技法,学会写作应用文,提升大学生的综合人文综合素质,促进大学生的全面发展。

大部分应用写作教材的编写体例为讲述文体知识—指出写作要素—提供案例。本教材打破了绝大部分教材的编写常规体例,在学习每一种文体时,首先提供一则成熟范例,以阅读案例、分析解读案例的方式,引导学生自主寻找、发现文体写作要素,认识文体特征属性,归纳总结文体概念特征;同时,引导学生解读案例,通过案例寻找写作方法;找到写作方法后,立即进行课堂训练及课后作业巩固。

四川省写作学会副会长毛克强教授一直对本课程的教学和教材的编写非常关注,并提出了许多指导意见。本书中“应用写作概述”“党政机关公文写作”部分由周志凌编写;“机关事务文书写作”“毕业论文写作”部分由廖小勤编写;“常用商务文书写作”部分由郭五林编写;“社交礼仪文书写作”部分由廖小勤、蒋德均编写;

“新闻文体写作”部分由蒋德均编写。在编写过程中，课题组还学习和借鉴了一些同行大家的成果，在此一并致谢。高等教育出版社对本书的编写给予了悉心指导和大力支持，宜宾学院教务处对本课程的开设及教材的出版予以了大力资助，在此也一并致以诚挚的谢意！

编　者

2022 年 12 月

教学资源服务指南

扫描下方二维码，关注微信公众号“高教社极简通识”，学生可学习名校通识课，教师可学习教师培训课程、免费申请课件和样书、观看直播回放等。

名校通识课

点击导航栏中的“名校通识”，点击子菜单中的“课程专栏”，即可选择相应课程进行学习。

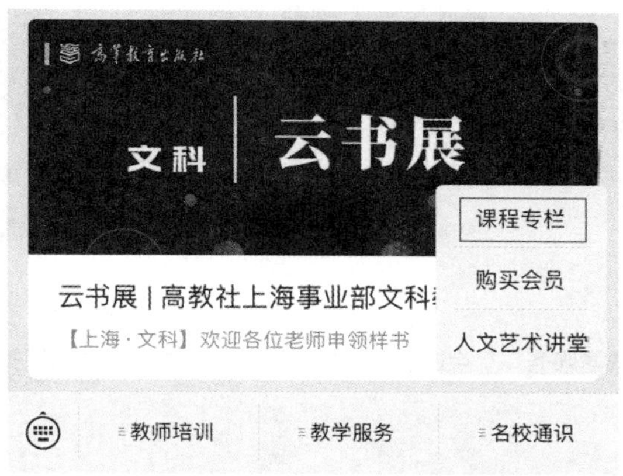

教师培训

点击导航栏中的“教师培训”，点击子菜单中的“培训课程”，即可选择相应课程进行学习。

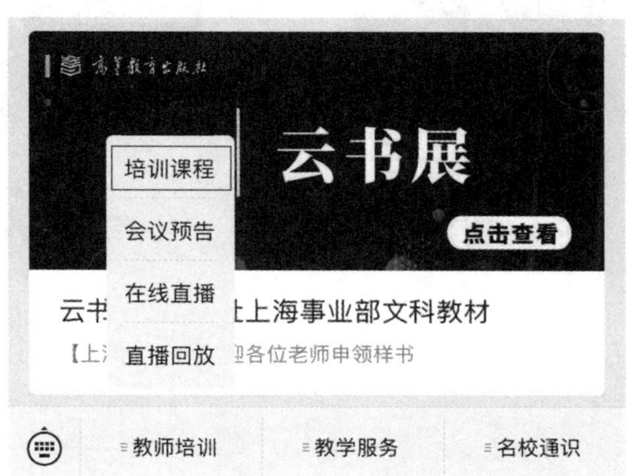

教学资源服务指南

课件申请

点击导航栏中的“教学服务”，点击子菜单中的“课件申请”，填写相关信息即可申请课件。

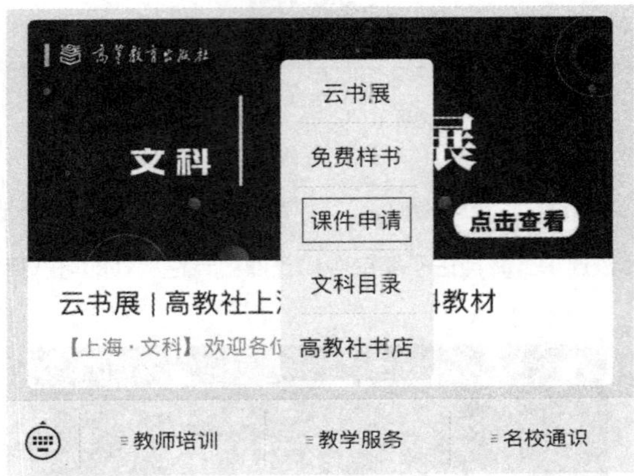

样书申请

点击导航栏中的“教学服务”，点击子菜单中的“免费样书”，填写相关信息即可免费申请样书。

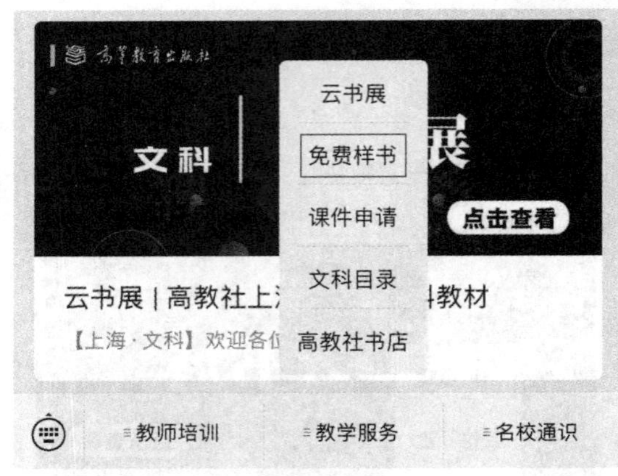